Backen mit
OBST
durch die Jahreszeiten

Dr. Oetker

Schnelles Backen

Dieses **BUCH** gehört:

Im Eigenverlag Dr. Oetker GmbH, 9500 Villach
Dr. Oetker Rezeptdienst: Konditormeister Erhard Klug-Hudritsch

Konzeption & Gestaltung: scanlitho.teams, Eggeweg 26, 33617 Bielefeld

Fotos & Setstyling: Dieter Brasch, Wien (S. 19, 20, 24, 39, 44, 47, 48, 51, 52, 55, 56, 59, 60, 63, 64, 67, 68, 72, 75, 76, 81, 82, 85, 86, 89, 90, 107, 109, 110, 113, 114, 117, 118, 121, 122, 125, 126)
Foodstyling: Mag. Mariella Lahodny-Bothe, MSc, Wien

Weitere Fotos: Jan-Peter Westermann, Hamburg (S. 31, 35, 36, 43, 98, 102)
Axel Struwe, Bielefeld (S. 15, 71)
Franz Schuier, Düsseldorf (S. 23)
Norbert Toelle, Bielefeld (S. 93, 94)
Ulli Hartmann, Halle (S. 32)
Dr. Oetker Schweiz (S. 97, 101)
Dr. Oetker Deutschland (S. 16, 27, 40)

Druck: Salzkammergut Druck Mittermüller, Gmunden

ISBN: 978-3-902432-16-2
Erstausgabe 2020,

Impressum:
Dr. Oetker GmbH, Postfach 19, 9500 Villach, Telefon 04242/55 4 54-0
E-Mail: service@oetker.at, Internet: www.oetker.at

VORWORT

Liebe Backfreunde!

Fruchtig-frische Kuchen mit Obst schmecken nach Sommer und Sonne – wem läuft da nicht das Wasser im Mund zusammen? Wir haben 54 fruchtige Rezeptideen für Sie gesammelt und laden Sie ein, uns beim Backen durch die 4 Jahreszeiten zu begleiten.

In jedem Monat kommen andere frische Früchte auf den Markt, die auch im Kuchen & Co einfach wunderbar schmecken. Entdecken Sie die heimische Vielfalt an Obst.

Damit die fruchtigen Gebäcke geschmacklich ein voller Erfolg werden, achten Sie bereits beim Einkauf auf Qualität. Kaufen Sie am besten Obst, wenn es Saison hat, dann ist es meist nicht nur aromatischer, sondern auch günstiger und auch umweltfreundlicher. Regionales, saisonales Obst, vermeidet unnötige Umweltbelastung durch weite Transportwege und übermäßigen Ressourcenverbrauch beim Anbau.

Mit Hilfe des Erntekalenders finden Sie das zur Jahreszeit passende Obst aus heimischem Anbau. Rhabarber und Erdbeeren machen den Anfang und mit Weintrauben und Zwetschken endet die saisonale Ernte. Äpfel sind das ganze Jahr über erhältlich, um daraus auch im Winter fruchtige Köstlichkeiten zu zaubern. Exotische Früchte wie Ananas, aber auch tiefgefrorenes heimisches Obst wie Marillen bringen auch in der kalten Jahreszeit Abwechslung in Ihre Backstube.

Selbstverständlich sind alle Rezepte im Buch einfach und gelingsicher beschrieben und mit einem Foto versehen, das Lust aufs Ausprobieren macht.

Bei Fragen und Anregungen zu unseren Rezepten stehen wir Ihnen gerne unter der gebührenfreien Telefonnummer 00800 71 72 73 74 zur Verfügung.

Gutes Gelingen und viel Freude!

Ihr Dr. Oetker Konditormeister
Erhard Klug-Hudritsch

E. Klug-Hudritsch

Dr. Oetker

Qualität ist das beste Rezept.

Abkürzungen

KL	=	Kaffeelöffel
EL	=	Esslöffel
Ø	=	Durchmesser
g	=	Gramm
ml	=	Milliliter
l	=	Liter
Std.	=	Stunde(n)
Min.	=	Minuten(n)
Stk.	=	Stück
Pck.	=	Päckchen
Pkg.	=	Packung
ca.	=	circa

Die Rezepte sind wie folgt gekennzeichnet:

Eiklarverwertung (E)

Dotterverwertung (Do)

glutenfrei (G)

Vollkorn (V)

vegetarisch

vegan

gelingt leicht

etwas Übung erforderlich

aufwändig

Die Zubereitungszeit beinhaltet nur die Zeit für die eigentliche Zubereitung, die Backzeiten sind gesondert ausgewiesen. Längere Wartezeiten wie z. B. Kühlzeiten sind ebenfalls nicht mit einbezogen.

INHALTSVERZEICHNIS

Gut zu wissen S. 6 - 9

Erntekalender S. 10 - 11

Backen im **Frühling** S. 12 - 27

7 Rezepte mit Rhabarber und Erdbeeren

Backen im **Sommer** S. 28 - 77

24 Rezepte mit Kirschen, Heidelbeeren, Brombeeren, Himbeeren, Marillen, Stachelbeeren, Pfirsichen, Nektarinen, Ribiseln und Melone

Backen im **Herbst** S. 78 - 103

12 Rezepte mit Äpfeln, Birnen, Holunder, Preiselbeeren, Weintrauben, Zwetschken und Quitten

Backen im **Winter** S. 104 - 127

11 Rezepte mit Bananen, Ananas, Mandarinen, Orangen und Grapefruits

Rezeptübersicht S. 128

GUT ZU WISSEN

Was bedeutet regional und saisonal?

Aus vielen Gründen ist es sinnvoll, möglichst regional angebautes und daher saisonal verfügbares Obst und Gemüse zu kaufen. Es schmeckt aromatischer, ist vitaminreicher und auch für unser Klima gut, weil beispielsweise unnötig weite Transportwege vermieden werden und ressourcenschonend produziert wird. Da neben dem Transport auch der Anbau im Gewächshaus oder die Lagerung im Kühlhaus sehr viel Energie benötigt, ist es auch klimafreundlicher, frisches und im Freiland angebautes Obst und Gemüse zu bevorzugen – und damit die Zutaten zu nutzen, die im Verlauf der Jahreszeiten bei uns Saison haben. Was zunächst wie eine Einschränkung klingt, bietet letztendlich die Möglichkeit, die Vielfalt im Wechsel der Jahreszeiten wieder neu zu entdecken.

Was bedeutet Bio?

Bio-Obst oder Bio-Gemüse wird biologisch und ohne künstliche Hilfsmittel angebaut. Das Bio-Angebot in den Supermärkten wächst stetig und besonders bei frischem Obst und Gemüse kommt Bio eine große Bedeutung zu. Dabei ist es durchaus wichtig zu wissen, dass es bei Bio vor allem um die Art des Anbaus geht, unabhängig davon, **wo** es angebaut wird und was das für den oft sehr weiten Transport bedeutet.

Die beste Wahl? Regional & Bio!

Die höchste Produktqualität kaufen Sie mit biologischen Produkten aus regionalem Anbau. Damit stärken Sie nicht nur die heimischen Obst- und Gemüsebauern, sondern bekommen beim Einkauf auch die meisten Aromen, Vitamine und Vitalstoffe mitgeliefert, die durch lange Lagerung oder Transportwege ansonsten nach und nach verloren gehen.

Obst im Winter

Im Winter bieten die regionalen Obst-Regale bei weitem nicht so viel Abwechslung wie in den anderen Jahreszeiten. Wer trotzdem regionales, vitaminreiches und saftiges Obst haben will, kommt am Verzehr von heimischen Äpfeln nicht vorbei. Die verschiedenen Sorten können dabei durchaus auch für Abwechslung sorgen.
Wer auch mal Lust auf einen ganz anderen Geschmack hat, kann natürlich auch ab und zu auf Südfrüchte zurückgreifen. Achten Sie dabei beim Kauf auf jeden Fall auf das Fair-Trade-Siegel, das jene Produkte kennzeichnet, die unter fairen Bedingungen angebaut und gehandelt wurden.

FAIRTRADE®

Reifes Obst

Ob aus dem eigenen Garten, vom Obsthändler oder selbst gepflückt vom Erdbeerland & Co: Qualität ist auch beim Obst das beste Rezept! Verwenden Sie ausschließlich reife, einwandfreie Früchte zur Herstellung von Gebäcken, Konfitüren oder Marmeladen. Nur Früchte mit dieser Qualität verleihen Ihren kulinarischen Kunstwerken das fruchtig-frische Aroma und die verführerische, leuchtende Farbe.

Überreifes Obst

Überreife oder beschädigte Früchte sind zum Backen nicht besonders gut geeignet. Sie fangen schnell an zu faulen und sind daher bald nicht mehr genießbar. Arbeiten Sie dieses Obst am besten rasch auf, zum Beispiel in Smoothies, Säften oder Obstsalaten. Wenn ein Apfel mal eine Delle hat oder eine Banane ein paar dunkle Druckstellen hat, schneiden Sie diese Teile einfach heraus und verwenden Sie den Rest wie gewohnt.
Übrigens: Wenn Äpfel oder Birnen schon runzlig sein sollten, dann machen Sie doch ein Mus als Beilage zum Kaiserschmarren daraus!

Obst tiefkühlen

Haben Sie größere Obstmengen geerntet, dann können Sie diese vorbereiten (d. h. waschen, putzen, entkernen usw.) und ungezuckert für den späteren Verbrauch tiefkühlen. Verwenden Sie zum Backen das Obst tiefgekühlt und lassen Sie es vorher nicht auftauen.
Tiefgekühltes Obst ist auch hervorragend zur Herstellung von Konfitüren, Marmeladen und Gelees geeignet. Es bleibt, ganz unabhängig von der Jahreszeit erntefrisch und behält weitgehend seine Farbe. Wiegen Sie das tiefgekühlte Obst immer gefroren, dann erst auftauen und verwenden. Den entstehenden Saft können Sie beim Einkochen mitverwenden.

Backen mit Heißluft oder Gas

- Beim Backen mit Heißluft, die in den Rezepten angegebene Backtemperatur von Ober-/Unterhitze um 20 Grad reduzieren.
- Die Temperatur-Einstellungen bei Gasherden sind dem Benutzerhandbuch des Herstellers zu entnehmen.

Blattgelatine und Obst

Frische Ananas, Kiwi, Papaya oder Feigen verfügen über ein Enzym, das die Bindung der Gelatine herabsetzt. Daher bereiten Sie Gelatinespeisen nicht mit diesen frischen Früchten zu. Blanchieren Sie diese Exoten deshalb vorher kurz, denn die Hitze zerstört dieses Enzym und der Gelierung steht dann nichts mehr im Wege.
Faustregel: 1/2 l Flüssigkeit wird mit 6 Blatt oder 1 Pck. gemahlener Gelatine sturzfest.

Damit Gelatine nicht klumpt

Beispiel: Kaltes Schlagobers steif schlagen. Zuerst ca. 4 EL des Schlagobers mit der aufgelösten Gelatine verrühren. Dann die Gelatine-Mischung mit einer Schneerute unter das übrige Schlagobers heben. Dieser Temperaturausgleich ist beim Unterrühren hilfreich, damit keine Klümpchen entstehen.

Dr. Oetker Aroma tropfenweise portionieren

Das Röhrchen mit der Öffnung über der Rührschüssel schräg nach unten halten, eine Zinke einer Gabel in die Öffnung stecken und so das Aroma tropfenweise portionieren.

Warum geht der Germteig nicht auf?

- Zutaten überprüfen
- Die Zutaten sollen Raumtemperatur haben
- Achten Sie darauf, dass die Milch weder zu heiß, noch zu kalt verwendet wird
- Frische Germ ist eventuell schon alt, daher ist deren Triebkraft schwächer
- Salz oder Butter ist mit der Germ direkt in Berührung gekommen
- Passt die Umgebungstemperatur?
- War die Rührschüssel zu kalt?

Keine Sorge! Germ geht immer auf – bei kleinen Missgeschicken dauert es aber einfach länger!

Ei-Größe

Die Rezepte in unseren Rezeptbüchern beziehen sich alle auf Eier der Größe M (= Mittel, ca. 50 g). Sollten Sie eine andere Ei-Größe (z. B. Bauerneier) verwenden, so wiegen Sie die Eier ab. Wenn Eier gewogen werden, rechnet man für 1 Eiklar 30 g, 1 Dotter 20 g, 1 ganzes Ei (ohne Schale) 50 g

Lagerung Gebäcke

Gebäcke und Torten werden generell mit Frischhaltefolie und Tortenhaube im Kühlschrank gelagert, da sie sehr schnell Fremdgerüche annehmen.
Wir geben die Angaben zum Lagern und Aufbewahren bei Rezepten in diesem Rezeptbuch so an, dass minimal bis gar kein Qualitäts- und Genussverlust entsteht. Natürlich hat jeder auch schon die Erfahrung gemacht, dass man verschiedene Gebäcke auch länger aufbewahren kann. Mit dem Verlust von Qualität und Genuss ist aber zu rechnen (z. B. Bananen werden braun, Erdbeeren weichen auf, Biskuit saugt sich voll, Massen werden fester und trockener etc.).

ERNTEKALENDER

Wenn im Frühling die ersten heimischen Früchte frisch auf den Markt kommen, beginnt beim Backen die bunteste Backzeit des Jahres. Der Sommer schenkt uns verschiedene Obstsorten in Hülle und Fülle. Rhabarber macht den Anfang, gefolgt von Erdbeeren, Kirschen und vielen verschiedenen Beeren. Frische Quitten, Äpfel, Birnen, Weintrauben und Zwetschken sind dann bis in den Oktober hinein erhältlich.

	Jänner	Februar	März	April	Ma
Äpfel					
Birnen					
Brombeeren					
Erdbeeren					■
Heidelbeeren					
Himbeeren					
Holunder					
Kirschen					
Marillen					
Melonen					
Nektarinen					
Pfirsiche					
Preiselbeeren					
Quitten					
Rhabarber			■	■	■
Ribisel					
Stachelbeeren					
Weichseln					
Weintrauben					
Zwetschken					

Wer in der kalten Jahreszeit nicht nur Äpfel essen möchte, sollte beim Kauf von Südfrüchten auf jeden Fall auf das Fair-Trade-Siegel achten. Die Auswahl ist reichlich von z. B. Ananas, Orangen, Mandarinen, Grapefruits bis hin zu Zitronen und Limetten.

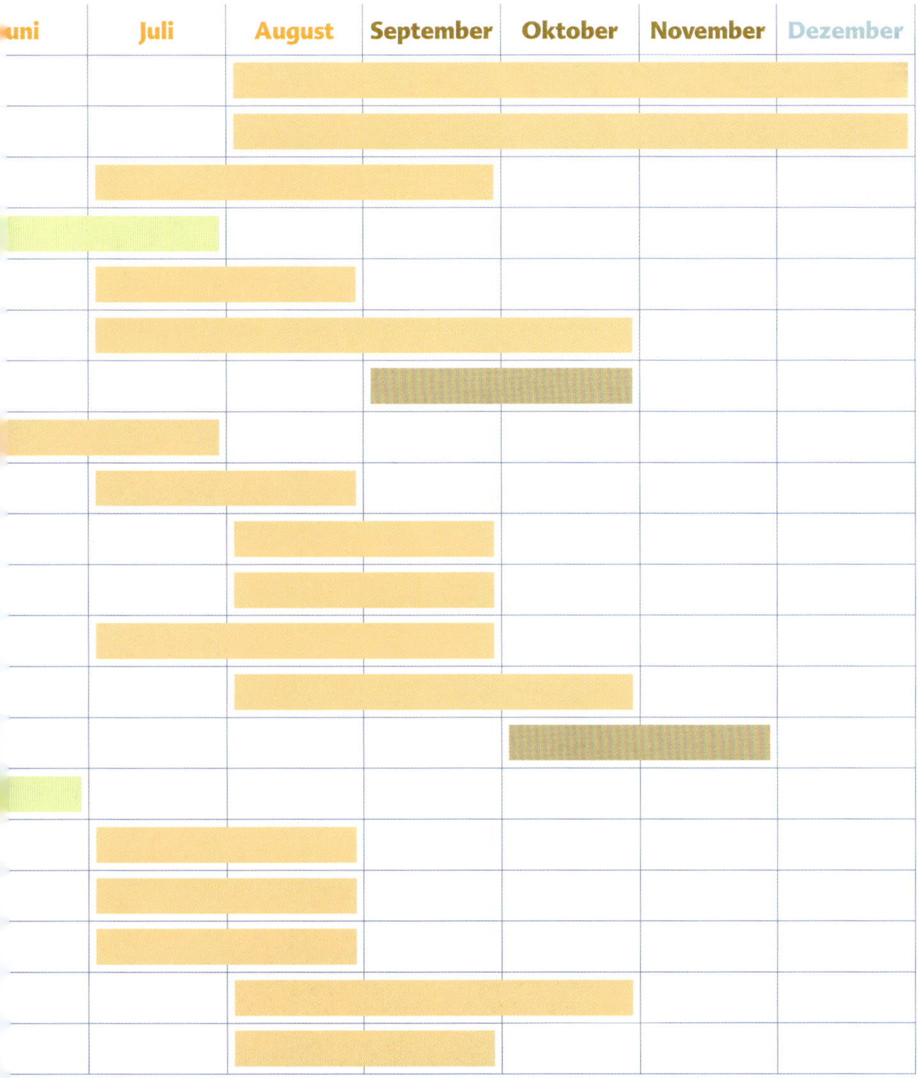

Backen im FRÜHLING

RHABARBER-Kuchen mit Topfenguss

ca. 60 Min.

Zutaten für ca. 16 Portionen

Mürbteig

400 g glattes Mehl
3 gestrichene KL Dr. Oetker Backpulver
130 g Zucker
1 Pck. Dr. Oetker Vanillin Zucker
3 Tropfen Dr. Oetker Aroma Butter-Vanille
1 Prise Salz
2 Eier (Größe M)
250 g raumwarme Butter

Belag

ca. 1,2 kg Rhabarber
150 g Zucker

Guss

4 Eier (Größe M)
200 g Zucker
20 g Speisestärke
5 ml Dr. Oetker Madagaskar Bourbon Vanille Extrakt (1 Verschlusskappe)
500 g Speisetopfen

Zubereitung

1. Für den Teig Mehl mit Backpulver vermischen und in eine Rührschüssel sieben. Die übrigen Zutaten der Reihe nach dazugeben und mit dem Handmixer (Knethaken) zu einem Teig verkneten.

Den Teig auf einer bemehlten Arbeitsfläche ausrollen und auf ein befettetes Backblech (30 x 35 cm) geben. Den Teig mit einer Gabel mehrmals einstechen.

Das Blech in die Mitte des vorgeheizten Rohres schieben.

Ober-/Unterhitze: 180 Grad
Backzeit: ca. 15 Min.

Den Mürbteig mit einem Backrahmen umstellen.

2. Für den Belag den Rhabarber in ca. 4 cm lange Stücke schneiden und auf dem vorgebackenen Mürbteig verteilen. Den Zucker darauf streuen.

3. Für den Guss Eier mit Zucker, Stärke und Vanille Extrakt mit dem Handmixer (Rührstäbe) schaumig aufschlagen. Den Topfen unterrühren. Den Guss auf dem Rhabarber verteilen. Den Kuchen **bei gleicher Herdeinstellung ca. 25 Min. fertig backen.**

Lagerung: Der Kuchen ist abgedeckt im Kühlschrank ca. 3 Tage haltbar.

RHABARBER-Muffins

ca. 30 Min.

Zutaten für 12 Stück

Sandmasse

125 g weiche Butter

120 g gesiebter Staubzucker

1 Pck. Dr. Oetker Bourbon Vanille Zucker

1 Prise Salz

3 Eier (Größe M)

200 g glattes Mehl

1 gestrichener KL Dr. Oetker Backpulver

2 EL Orangenlikör

3 EL Milch

Belag

500 g klein geschnittener Rhabarber

Zum Bestreuen

50 g Dr. Oetker Haselnuss Krokant

etwas Staubzucker

Zubereitung

1. Für die Masse Butter mit Staubzucker, Vanille Zucker und Salz mit dem Handmixer (Rührstäbe) cremig rühren. Die Eier einzeln einrühren. Mehl mit Backpulver vermischen, darübersieben und mit Likör und Milch mit dem Kochlöffel unterrühren.

2. Die Hälfte vom Rhabarber unterheben. Die Masse in eine mit Papierförmchen ausgelegte Muffinsform aufteilen. Übrigen Rhabarber darauf verteilen, leicht eindrücken und den Krokant aufstreuen.

Die Form auf dem Rost in die untere Hälfte des vorgeheizten Rohres schieben.

Ober-/Unterhitze: 180 Grad
Backzeit: ca. 25 Min.

3. Die Muffins vor dem Servieren mit Staubzucker leicht bestreuen.

Lagerung: Die Muffins sind abgedeckt bei Raumtemperatur ca. 2 Tage haltbar.

Pancakes mit ERDBEEREN und RHABARBER

ca. 50 Min.

Zutaten für 4 Portionen

Erdbeer-Rhabarber-Grütze

250 g in Stücke geschnittener Rhabarber

50 ml Wasser

1 Beutel Dr. Oetker Dessert-Soße Bourbon-Vanille zum Kochen

100 g Zucker

50 ml Wasser

250 g klein geschnittene Erdbeeren

Pancakes-Teig

100 g gesiebtes glattes Mehl

1 gestrichener KL Dr. Oetker Backpulver

1/2 KL Dr. Oetker Natron

150 g Crème fraîche

1 EL Zucker

1 Ei (Größe M)

4 EL Milch

1 Prise Salz

Zum Ausbacken

4 EL Butterschmalz

Zum Beträufeln

etwas flüssiger Honig

Zubereitung

1. Für die Grütze Rhabarberstücke mit Wasser in einen Topf geben und ca. 4 Min. dünsten. Soßenpulver mit Zucker vermischen und mit Wasser glatt rühren. Das angerührte Pulver in den Rhabarber einrühren, kurz aufkochen, vom Herd nehmen und erkalten lassen. Die Erdbeeren unter die erkaltete Grütze rühren.

2. Für den Teig Mehl mit Backpulver und Natron vermischen. Die übrigen Zutaten dazugeben und mit dem Handmixer (Rührstäbe) zu einem glatten Teig verrühren.

1 EL Butterschmalz in eine mäßig erhitzte, beschichtete Pfanne geben. 4 EL vom Teig in die Pfanne geben und mit einem Löffel etwas verstreichen. Die Pancakes bei mittlerer Hitze beidseitig goldbraun backen. Den Vorgang wiederholen bis der Teig aufgebraucht ist.

3. Die Pancakes mit Honig beträufeln und mit Grütze servieren.

Lagerung: Die Grütze ist im Kühlschrank ca. 3 Tage haltbar. Die Pancakes immer frisch zubereiten und servieren.

Schnelle ERDBEER-Roulade

ca. 30 Min.

Zutaten für ca. 16 Portionen

Biskuitmasse

5 Dotter (Größe M)
30 g Zucker
1 Pck. Dr. Oetker Vanillin Zucker
1/2 Pck. Dr. Oetker Finesse Geriebene Orangenschale
5 Eiklar (Größe M)
70 g Zucker
50 g Speisestärke
50 g glattes Mehl

Erdbeer-Obers-Füllung

1/4 l flüssiges Schlagobers
1 EL Zucker
1 Pck. Dr. Oetker Sahnesteif
250 g klein geschnittene Erdbeeren

Zum Bestreuen

etwas Staubzucker

Zubereitung

1. Für die Masse Dotter mit Zucker, Vanillin Zucker und Orangenschale mit dem Handmixer (Rührstäbe) cremig rühren. Eiklar mit Zucker cremig steif schlagen und mit dem Kochlöffel unterheben. Stärke mit Mehl vermischen, darübersieben und unterheben.

Die Masse auf ein mit Backpapier ausgelegtes Backblech (30 x 35 cm) streichen.

Das Blech in die Mitte des vorgeheizten Rohres schieben.

Ober-/Unterhitze: 200 Grad
Backzeit: ca. 7 Min.

Das Biskuit auf dem Blech etwas überkühlen lassen, auf ein leicht bemehltes Backpapier stürzen und das Backpapier abziehen. Das erkaltete Biskuit der Länge nach 1 cm vom Rand einritzen, um das Einrollen zu erleichtern.

2. Für die Füllung Schlagobers mit Zucker und Sahnesteif steif schlagen. Das Schlagobers so auf das Biskuit streichen, dass im ersten Drittel der Roulade eine leichte Erhöhung entsteht. Die Erdbeeren darauf verteilen und am Anfang und Ende einen Rand von ca. 5 cm frei lassen. Das Biskuit zur Roulade einrollen und straffen, damit keine Hohlräume entstehen. Die Roulade ca. 30 Min. kalt stellen.

3. Die Roulade vor dem Servieren mit Staubzucker bestreuen.

Lagerung: Die Roulade ist abgedeckt im Kühlschrank ca. 3 Tage haltbar.

Sponge Cake mit ERDBEEREN

ca. 40 Min.

Zutaten für ca. 12 Portionen

Biskuitmasse

4 Eier (Größe M)
150 g Zucker
1 Pck. Dr. Oetker Vanillin Zucker
150 g glattes Mehl
1 gestrichener KL Dr. Oetker Backpulver

Erdbeer-Obers-Füllung

400 ml flüssiges Schlagobers
2 Pck. Dr. Oetker Sahnesteif
2 Pck. Dr. Oetker Vanillin Zucker
2 EL Erdbeermarmelade
250 g geschnittene Erdbeeren

Zum Verzieren

einige Erdbeerscheiben
einige Dr. Oetker Feine Dekorblüten
einige Dr. Oetker Mini Dekorblüten

Zubereitung

1. Für die Masse Eier mit Zucker und Vanillin Zucker mit dem Handmixer (Rührstäbe) schaumig aufschlagen. Mehl und Backpulver vermischen, darübersieben und mit dem Kochlöffel unterrühren.

Die Masse in eine am Boden mit Backpapier ausgelegte Springform (20 cm Ø) füllen und glatt streichen.

Die Form auf dem Rost in die untere Hälfte des vorgeheizten Rohres schieben.

Ober-/Unterhitze: 180 Grad
Backzeit: ca. 40 Min.

Die erkaltete Torte 2-mal durchschneiden.

2. Für die Füllung Schlagobers mit Sahnesteif und Vanillin Zucker steif schlagen. Den unteren Tortenboden mit 1 EL der Marmelade bestreichen und mit 1/3 der Erdbeeren belegen. 1/3 des Schlagobers aufstreichen. Den mittleren Tortenboden auflegen und gleich belegen und bestreichen. Den Tortenoberteil auflegen und mit dem übrigen Schlagobers bestreichen.

3. Die Erdbeeren dekorativ auf der Torte auflegen. Vor dem Servieren mit Dekorblüten verzieren.

Lagerung: Die Torte ist abgedeckt im Kühlschrank ca. 3 Tage haltbar.

OBST-Kuchen

ca. 60 Min.

Zutaten für ca. 16 Portionen

All-in-Masse

140 g glattes Mehl
1 1/2 gestrichene KL Dr. Oetker Backpulver
100 g Zucker
1 Pck. Dr. Oetker Vanillin Zucker
4 Eier (Größe M)
3 EL Speiseöl
2 EL Essig

Creme

1 Pck. Dr. Oetker Dessert-Soße Vanille Geschmack zum Kochen
20 g Zucker
1/4 l Milch

Belag

1 kg geschnittenes Obst nach Wahl

Gelee

1 Pck. Dr. Oetker Tortengelee klar
2 EL Zucker
1/4 l Wasser

Zubereitung

1. Für die Masse Mehl mit Backpulver vermischen und in eine Rührschüssel sieben. Die übrigen Zutaten der Reihe nach dazugeben und mit dem Handmixer (Rührstäbe) glatt rühren.

Die Masse in eine befettete, bemehlte Obstkuchenform (28 cm Ø) füllen und glatt streichen.

Die Form auf dem Rost in die untere Hälfte des vorgeheizten Rohres schieben.

Ober-/Unterhitze: 200 Grad
Backzeit: ca. 15 Min.

Den Kuchenboden auf einen mit Backpapier belegten Kuchenrost stürzen und erkalten lassen.

2. Für die Creme Soßenpulver mit Zucker und Milch nach Packungsanleitung zu einem Pudding kochen. Den Pudding unter mehrmaligem Umrühren erkalten lassen und auf den erkalteten Kuchenboden streichen.

3. Den Kuchen mit Obst dekorativ belegen.

4. Für das Gelee Tortengeleepulver mit Zucker und Wasser nach Packungsanleitung zubereiten, kurz überkühlen lassen und mit einem Esslöffel auf dem Obst verteilen. Den Kuchen bis zum Servieren kalt stellen.

Tipp: Der Kuchen kann auch ohne Gelee serviert werden.

Lagerung: Der Kuchen ist abgedeckt mit Tortenhaube im Kühlschrank ca. 2 – 3 Tage haltbar.

ERDBEER-Marzipan-Torte

ca. 40 Min.

Zutaten für ca. 12 Portionen

Biskuitmasse

4 Eier (Größe M)
120 g Zucker
1 Pck. Dr. Oetker Vanillin Zucker
120 g glattes Mehl
1/2 KL Dr. Oetker Backpulver
20 g Backkakao

Erdbeer-Obers-Füllung

500 g Erdbeeren
3/4 l flüssiges Schlagobers
3 Btl. Dr. Oetker Gelatine fix (à 15 g)
3 Pck. Dr. Oetker Vanillin Zucker

Zum Bestreichen und Verzieren

150 g Erdbeermarmelade
300 g Modelliermarzipan
etwas geschlagenes Schlagobers
zur Seite gegebene Erdbeeren
25 g weiße Schokospäne

Zubereitung

1. Für die Masse Eier mit Zucker und Vanillin Zucker mit dem Handmixer (Rührstäbe) schaumig aufschlagen. Mehl mit Backpulver und Kakao vermischen, darübersieben und mit dem Kochlöffel unterheben.

Die Masse in eine am Boden mit Backpapier ausgelegte Springform (26 cm Ø) füllen und glatt streichen.

Die Form auf dem Rost in die untere Hälfte des vorgeheizten Rohres schieben.

Ober-/Unterhitze: 180 Grad
Backzeit: ca. 30 Min.

Das erkaltete Biskuit 1-mal durchschneiden. Den unteren Biskuitboden mit dem Springformrand umstellen.

2. Für die Füllung von den Erdbeeren 6 Stk. zum Verzieren zur Seite geben. Die übrigen Erdbeeren in Scheiben schneiden. Schlagobers mit Gelatine fix steif schlagen und den Vanillin Zucker unterrühren.

1/3 des Schlagobers auf den Tortenboden streichen und mit der Hälfte der Erdbeeren belegen. 1/3 des Schlagobers aufstreichen und die übrigen Erdbeeren auflegen. Das übrige Schlagobers aufstreichen und den Tortenoberteil auflegen. Die Torte ca. 1 Std. kalt stellen.

3. Die Torte mit Marmelade bestreichen. Marzipan auf einer mit Staubzucker bestreuten Arbeitsfläche rund ausrollen, die Torte damit eindecken und den Tortenrand in Falten legen. Das Schlagobers mit einem Spritzbeutel mit Tülle nach Wahl beliebig aufspritzen. Die Torte mit Erdbeeren dekorieren und mit Schokospänen bestreuen.

Lagerung: Die Torte erst vor dem Servieren eindecken und dekorieren und alsbald verzehren. Eingedeckt ist die Torte nicht lange lagerfähig, da das Marzipan aufweicht.

Backen im SOMMER

Buchteln mit KIRSCHEN

ca. 40 Min.

Zutaten für 12 Stück

Germteig

600 g glattes Mehl
1 Pck. Dr. Oetker Germ
350 ml lauwarme Milch (25 Grad)
80 g weiche Butter
40 g Zucker
1 Pck. Dr. Oetker Vanillin Zucker
1 Pck. Dr. Oetker Finesse Geriebene Zitronenschale
1 Prise Salz
1 Ei (Größe M)

Kirschen-Füllung

50 g Zucker
etwas Zimt
400 g entsteinte Kirschen

Zum Tauchen

50 g flüssige Butter

Zubereitung

1. Für den Teig das Mehl in eine Rührschüssel sieben und mit der Germ gut vermischen. Die übrigen Zutaten der Reihe nach dazugeben und mit dem Handmixer (Knethaken) zu einem glatten Teig verkneten. Zugedeckt an einem warmen Ort so lange gehen lassen, bis der Teig doppelt so hoch ist.

Den Teig nach dem Gehen zusammenstoßen (flach drücken und von links und rechts zur Mitte hin einschlagen) und auf einer bemehlten Arbeitsfläche zu einer Rolle formen. 12 gleich große Stücke abschneiden, zu Kugeln rollen und flach drücken (ca. 14 cm Ø).

2. Die Kirschen auf die Teigstücke aufteilen. Zucker mit Zimt vermischen und ca. 1 KL des Zimt-Zuckers auf die Kirschen streuen. Die Teigränder über den Kirschen zusammenklappen und festdrücken.

3. Die Buchteln in flüssige Butter tauchen und mit dem Schluss nach unten in eine befettete Auflaufform (24 x 32 cm) geben. Zugedeckt nochmals ca. 20 Min. gehen lassen.

Die Form auf dem Rost in die untere Hälfte des vorgeheizten Rohres schieben.

Ober-/Unterhitze: 180 Grad
Backzeit: ca. 35 Min.

Die Buchteln mit Staubzucker bestreuen und lauwarm servieren.

Tipp: Die Buchteln kann man auch mit Äpfeln und Rosinen füllen.

Lagerung: Die Buchteln sind abgedeckt bei Raumtemperatur ca. 3 Tage haltbar.

KIRSCH-Amarettini-Gugelhupf

ca. 30 Min.

Zutaten für ca. 14 Portionen

Sandmasse

250 g weiche Butter
150 g gesiebter Staubzucker
1 Pck. Dr. Oetker Vanillin Zucker
1 Pck. Dr. Oetker Finesse Geriebene Orangenschale
1 Prise Salz
5 Eier (Größe M)
380 g glattes Mehl
2 gestrichene KL Dr. Oetker Backpulver

Zum Unterrühren

350 g entsteinte Kirschen
125 g grob zerkleinerte Amarettini

Guss

100 g gesiebter Staubzucker
1 - 2 EL Amaretto (oder Milch)
2 Tropfen Dr. Oetker Aroma Bittermandel

Zum Verzieren

einige zerkleinerte Amarettini

Zubereitung

1. Für die Masse Butter mit Staubzucker, Vanillin Zucker, Orangenschale und Salz mit dem Handmixer (Rührstäbe) cremig rühren. Die Eier einzeln einrühren. Mehl mit Backpulver vermischen, darübersieben und mit dem Kochlöffel unterheben.

2. Kirschen und Amarettini kurz unterrühren.

Die Masse in eine befettete, bemehlte Gugelhupfform (22 cm Ø) füllen und glatt streichen.

Die Form auf dem Rost in die untere Hälfte des vorgeheizten Rohres schieben.

Ober-/Unterhitze: 170 Grad
Backzeit: ca. 50 Min.

Den Gugelhupf kurz in der Form überkühlen lassen, auf ein Kuchengitter stürzen und erkalten lassen.

3. Für den Guss Staubzucker mit Amaretto und Aroma zu dickflüssiger Konsistenz verrühren, auf dem erkalteten Gugelhupf verteilen und mit Amarettinistücken bestreuen.

Lagerung: Der Gugelhupf ist abgedeckt bei Raumtemperatur ca. 3 Tage haltbar und ohne Glasur ca. 5 Tage.

Holländer-KIRSCH-Torte

ca. 40 Min.

Zutaten für 12 Portionen

Kirsch-Füllung

1 Pck. Dr. Oetker Original Pudding Vanille-Geschmack

40 g Zucker

350 g abgetropfte, entsteinte Kompottsauerkirschen

1/4 l Kompottsaft

3 EL Kirschwasser

Blätterteig

2 Pkg. Frischer Blätterteig (à 270 g)

Obers-Füllung

600 ml flüssiges Schlagobers

1 Pck. Dr. Oetker Vanillin Zucker

2 Beutel Dr. Oetker Gelatine fix

Zum Aprikotieren und Glasieren

ca. 3 EL passierte Ribiselmarmelade

1 EL Wasser

50 g gesiebter Staubzucker

1 KL heißes Wasser

Zum Verzieren

12 Amarenakirschen

Zubereitung

1. Für die Kirsch-Füllung Puddingpulver mit Zucker vermischen und mit ca. 3 EL des Kompottsaftes verrühren. Übrigen Kompottsaft mit Kirschwasser zum Kochen bringen. Angerührtes Puddingpulver unter Rühren dazugeben und kurz aufkochen lassen. Die Kirschen unterheben, 1-mal gut aufkochen und die Füllung erkalten lassen.

2. Die Blätterteige an den Längsseiten leicht überlappend zu einem Viereck nebeneinander legen und auf Backpapier etwas größer ausrollen. Mit Hilfe eines Tortenringes zwei Scheiben (28 cm Ø) ausstechen. Einen Blätterteigboden auf ein mit Backpapier ausgelegtes Backblech geben und mit einer Gabel gut stupfen.

Ein Blech in die Mitte des vorgeheizten Rohres schieben.

Ober-/Unterhitze: 180 Grad
Backzeit: ca. 22 Min.

Den Backvorgang mit dem zweiten Blätterteigboden wiederholen. Einen erkalteten Blätterteigboden mit dem Tortenring umstellen. Die Kirsch-Füllung darauf verteilen; dabei einen 2 cm Rand frei lassen.

3. Für die Obers-Füllung Schlagobers mit Vanillin Zucker und Gelatine fix steif schlagen. 3 EL der Füllung in einem Spritzbeutel zur Seite geben. Übrige Füllung auf die Kirschen geben und glatt streichen. Die Torte ca. 1 Std. kalt stellen.

4. Zum Aprikotieren Marmelade mit Wasser aufkochen und etwas köcheln lassen. Den zweiten Blätterteigboden damit bestreichen und anziehen lassen.

Zum Glasieren Staubzucker mit Wasser verrühren, mit einem Backpinsel dünn auf der Marmelade verteilen und fest werden lassen. Den glasierten Tortenboden mit einem scharfen Messer in ca. 12 Stücke schneiden und auf die Obers-Füllung geben. Die Torte mit der zur Seite gegebenen Obers-Füllung verzieren und mit Amarenakirschen dekorieren.

Tipp: Rezept Sauerkirsch-Kompott siehe Seite 38.

Lagerung: Die Torte ist abgedeckt im Kühlschrank ca. 2 Tage haltbar.

Kokos-**KIRSCH**-Kuchen

ca. 30 Min.

Zutaten für ca. 14 Portionen

Sandmasse

125 g weiche Butter
120 g Braunzucker
1 Pck. Dr. Oetker Bourbon Vanille Zucker
1 Prise Salz
3 Eier (Größe M)
250 g glattes Mehl
2 gestrichene KL Dr. Oetker Backpulver

Zum Unterrühren

80 g geröstetes Kokosette
160 ml Kokosmilch
3 EL Kokoslikör
350 g entsteinte Sauerkirschen

Glasur

100 g Puderzucker
ca. 2 EL Kokoslikör
etwas Dr. Oetker Back- und Speisefarbe rot

Zubereitung

1. Für die Masse Butter mit Braunzucker, Vanille Zucker und Salz mit dem Handmixer (Rührstäbe) cremig rühren. Die Eier einzeln einrühren. Mehl mit Backpulver vermischen und darübersieben.

2. Kokosette, Kokosmilch und Likör mit dem Kochlöffel unterrühren. Die Kirschen unterheben.

Die Masse in eine befettete, bemehlte Kastenform (11 x 25 cm) füllen und glatt streichen.

Die Form auf dem Rost in die untere Hälfte des vorgeheizten Rohres schieben.

Ober-/Unterhitze: 180 Grad
Backzeit: ca. 45 Min.

Den Kuchen kurz überkühlen lassen und auf ein Kuchengitter stürzen.

3. Für die Glasur Puderzucker mit Likör zu dickflüssiger Konsistenz glatt rühren. Die Hälfte in ein Spritztütchen füllen. Die übrige Glasur mit Speisefarbe bis zum gewünschten Farbton einfärben und in ein Spritztütchen füllen. Weiße und rosa Glasur abwechselnd über den Kuchen sprenkeln.

Tipp: Kokosette in einer beschichteten Pfanne ohne Fett goldgelb rösten und auf einem Teller erkalten lassen. Das Kokosette nicht in der heißen Pfanne lassen, da das Kokosette sonst verbrennt, weil die Pfanne weiter hitzt.

Lagerung: Der Kuchen ist abgedeckt bei Raumtemperatur ca. 3 Tage haltbar und ohne Glasur ca. 5 Tage.

Spaghetti-Kuchen mit SAUERKIRSCHEN

ca. 40 Min.

Zutaten für ca. 12 Portionen

All-in-Sandmasse

150 g glattes Mehl

1 gestrichener KL Dr. Oetker Backpulver

90 g gesiebter Staubzucker

1 Pck. Dr. Oetker Bourbon Vanille Zucker

1 Prise Salz

3 Eier (Größe M)

150 g Naturjoghurt

Sauerkirsch-Füllung

200 ml Kompottsaft

1/2 Pck. Dr. Oetker Original Pudding Vanille-Geschmack

40 g Zucker

1 Pck. Dr. Oetker Bourbon Vanille Zucker

500 g Kompottsauerkirschen

Mascarpone-Füllung

1 Pkg. Dr. Oetker Tortenhilfe Topfen/Joghurt

250 g Mascarpone

1/4 l geschlagenes Schlagobers

Zum Bestreuen

etwas geriebene weiße Kuvertüre

Zubereitung

1. Für die Masse Mehl mit Backpulver vermischen und in eine Rührschüssel sieben. Die übrigen Zutaten der Reihe nach dazugeben und mit dem Handmixer (Rührstäbe) glatt rühren.

Die Masse in eine befettete, bemehlte Tarteform (24 cm Ø) geben und glatt streichen.

Die Form auf dem Rost in die Mitte des vorgeheizten Rohres schieben.

Ober-/Unterhitze: 190 Grad
Backzeit: ca. 25 Min.

2. Für die Sauerkirsch-Füllung den Kompottsaft, wenn nötig, mit Wasser auf 200 ml ergänzen und mit Puddingpulver, Zucker und Vanille Zucker unter Rühren zu dicklicher Konsistenz kochen. Die Kirschen dazugeben und ca. 1 Min. mitkochen. 2/3 der Füllung auf dem erkalteten Kuchenboden verteilen.

3. Für die Mascarpone-Füllung die Zutaten glatt rühren und ca. 10 Min. anziehen lassen. Die Füllung mit der Kartoffelpresse auf die erkaltete Sauerkirsch-Füllung pressen.
Den Kuchen ca. 2 Std. kalt stellen.

Den Kuchen vor dem Servieren mit übriger Kirsch-Füllung übergießen.

4. Die geriebene Schokolade darüberstreuen.

Tipp: Für das Sauerkirsch-Kompott 1 kg entsteinte Kirschen auf Einkochgläser aufteilen. In jedes Glas je 1 Messerspitze Zimt, Natron und Einsiedehilfe streuen. 1/2 l Wasser mit 100 g Zucker aufkochen und randvoll über die Kirschen gießen. Die Gläser verschließen, etwas schütteln, in ein 2 cm hoch mit heißem Wasser gefülltes Backblech stellen und in die untere Hälfte des vorgeheizten Rohres schieben. Bei 100 Grad Ober-/Unterhitze ca. 60 Min. einwecken (sterilisieren) lassen.

Lagerung: Der Kuchen ist abgedeckt im Kühlschrank ca. 2 Tage haltbar.

HEIDELBEER-Tarte

ca. 40 Min.

Zutaten für ca. 12 Portionen

Mürbteig

350 g glattes Mehl

1 gestrichener KL Dr. Oetker Backpulver

120 g Zucker

1 Pck. Dr. Oetker Vanillin Zucker

1 Prise Salz

1 Ei (Größe M)

170 g raumwarme Butter

Belag

50 g Zucker

1/2 gestrichener KL gemahlener Zimt

750 g Heidelbeeren

Zum Bestreuen

etwas Staubzucker

Zubereitung

1. Für den Teig Mehl mit Backpulver vermischen und in eine Rührschüssel sieben. Die übrigen Zutaten der Reihe nach dazugeben und mit dem Handmixer (Knethaken) zu einem Teig verkneten. Den Teig in Frischhaltefolie gewickelt ca. 30 Min. kalt stellen.

Die Hälfte des Teiges auf einer bemehlten Arbeitsfläche rund (ca. 22 cm Ø) ausrollen und mit Hilfe eines Rollstabes über einer befetteten Tarteform abrollen.

Die Form auf dem Rost in die untere Hälfte des vorgeheizten Rohres schieben.

Ober-/Unterhitze: 180 Grad
Backzeit: ca. 15 Min.

1/3 vom übrigen Teig zu zwei Rollen (à 30 cm lang) formen, am Formrand in die Form legen und hochdrücken. Den übrigen Teig auf einer leicht bemehlten Arbeitsfläche dünn ausrollen und in ca. 1 cm breite Streifen schneiden.

2. Zucker mit Zimt und Heidelbeeren vermischen und in der Tarteform verteilen. Die Teigstreifen als Gitter auflegen und überstehenden Teig abschneiden. Die Tarte auf dem Rost in die untere Hälfte des Rohres schieben und **bei gleicher Herdeinstellung ca. 30 Min. backen.**

3. Die Tarte lauwarm oder erkaltet mit Staubzucker bestreut servieren.

Tipps:

- Zur Tarte Vanille-Eis oder Dr. Oetker Bourbon Vanillesoße aus dem Kühlregal servieren.
- Der Heidelbeer-Belag lässt sich auch gut mit Äpfeln kombinieren.

Lagerung: Die Tarte ist bei Raumtemperatur ca. 4 Tage haltbar.

Kleine HEIDELBEER-Joghurt-Torte

ca. 40 Min.

Zutaten für 10 Portionen

Crunch-Boden

80 g gehackte Zartbitterkuvertüre
50 g Butter
125 g gebrochene Vollkornbutterkekse

Heidelbeer-Füllung

400 g Heidelbeeren
1 Pck. Dr. Oetker Tortengelee klar
30 g Zucker
4 EL Apfelsaft

Joghurt-Creme

250 g griechisches Joghurt 10%
3 EL Zitronensaft
2 Beutel Dr. Oetker Gelatine fix
50 g Zucker
1 Pck. Dr. Oetker Vanillin Zucker
300 ml flüssiges Schlagobers
1 Beutel Dr. Oetker Gelatine fix

Zum Bestreuen

100 g Heidelbeeren

Gelee

1 Pck. Dr. Oetker Tortengelee klar
2 EL Zucker
1/4 l Wasser

Zubereitung

1. Für den Crunch-Boden Kuvertüre mit Butter bei geringer Hitze schmelzen und verrühren und mit den Keksen vermischen. Die Mischung in eine am Boden mit Backpapier ausgelegte Springform (20 cm Ø) geben und den Boden und einen ca. 1 cm hohen Rand andrücken und kalt stellen.

2. Für die Füllung die Heidelbeeren unterrühren und erhitzen. Tortengeleepulver mit Zucker und Apfelsaft verrühren, dazugeben und nochmals unter Rühren aufkochen und erkalten lassen.

3. Für die Creme Joghurt mit Zitronensaft verrühren. Zwei Beutel Gelatine fix einrühren und Zucker und Vanillin Zucker unterrühren. Schlagobers mit dem übrigen Beutel Gelatine fix steif schlagen. Bei beginnender Gelierung (nach ca. 30 Min.) der Joghurt-Masse das Schlagobers unterheben.

Ca. 1/3 der Creme auf den Crunch-Boden streichen. Die Heidelbeer-Füllung darauf verteilen und die übrige Joghurt-Creme darauf glatt streichen.

4. Die Heidelbeeren aufstreuen, etwas eindrücken und die Torte mind. 3 Std. kalt stellen.

5. Für das Gelee Tortengeleepulver mit Zucker und Wasser nach Packungsanleitung zubereiten, kurz überkühlen lassen und mit einem Esslöffel auf den Heidelbeeren verteilen. Das Gelee fest werden lassen und die Torte aus der Springform lösen.

Lagerung: Die Torte ist abgedeckt im Kühlschrank ca. 4 Tage haltbar.

BROMBEER-Gugelhupf

ca. 60 Min.

Zutaten für ca. 16 Portionen

Topfen-Vanille-Füllung

1 Pck. Dr. Oetker Original Pudding Vanille-Geschmack

220 ml Milch

125 g Speisetopfen 20%

2 EL Zucker

50 g zerbröselte Amarettini

Sandmasse

100 g weiche Butter

170 g gesiebter Staubzucker

1 Pck. Dr. Oetker Vanillin Zucker

1 Prise Salz

1 Pck. Dr. Oetker Finesse Geriebene Orangenschale

3 Eier (Größe M)

125 g Speisetopfen 20%

300 g glattes Mehl

2 gestrichene KL Dr. Oetker Backpulver

Zum Unterrühren

300 g Brombeeren

Guss

100 g klein gehackte weiße Kuvertüre

1 KL Speiseöl

Zum Dekorieren

25 g zerbröselte Amarettini

Zubereitung

1. Für die Füllung Puddingpulver mit Milch, Topfen und Zucker unter Rühren zu einem Pudding kochen. Die Amarettinibrösel unterrühren und unter mehrmaligem Umrühren abkühlen lassen. Die Füllung in einen Spritzbeutel mit Lochtülle (12 mm Ø) füllen.

2. Für die Masse Butter mit Staubzucker, Vanillin Zucker, Salz und Orangenschale mit dem Handmixer (Rührstäbe) cremig rühren. Die Eier einzeln einrühren. Den Topfen unterrühren. Mehl mit Backpulver vermischen, darübersieben und mit dem Kochlöffel unterheben.

3. Die Brombeeren kurz unterrühren.

1/3 der Masse in eine befettete, bemehlte Gugelhupfform (22 cm Ø) geben und gleichmäßig verstreichen. Die erkaltete Füllung als Ring mittig aufspritzen. Die übrige Masse gleichmäßig darauf verteilen.

Die Form auf dem Rost in die untere Hälfte des vorgeheizten Rohres schieben.

Ober-/Unterhitze: 180 Grad
Backzeit: ca. 60 Min.

Für den Guss Kuvertüre mit Öl über Dampf (Wasserbad) bei geringer Hitze schmelzen. Vom Herd nehmen und beliebig auf den Gugelhupf geben. Die Amarettinibrösel darauf streuen.

Lagerung: Der Gugelhupf ist abgedeckt bei Raumtemperatur ca. 3 Tage haltbar.

Brandteig-Torte mit HIMBEEREN

ca. 60 Min.

Zutaten für ca. 14 Portionen

Brandteig

1/4 l Wasser
1 Prise Salz
60 g Butter
150 g glattes Mehl
5 Eier (Größe M)

Mascarpone-Himbeer-Creme

4 Stk. Dr. Oetker Blatt Gelatine
125 g Mascarpone
125 g Speisetopfen
60 g Zucker
1 Pck. Dr. Oetker Vanillin Zucker
200 g Himbeeren

Eierlikör-Obers

3 Stk. Dr. Oetker Blatt Gelatine
100 ml Eierlikör
60 g Zucker
1/4 l geschlagenes Schlagobers

Zubereitung

Zwei Backbleche mit Backpapier auslegen und jeweils einen Kreis (22 cm Ø) mit Bleistift aufzeichnen. Die Backpapierbögen wenden.

1. Für den Teig Wasser mit Salz und Butter aufkochen. Das Mehl einrühren und so lange mit dem Kochlöffel unter Rühren rösten (abbrennen), bis sich ein weißer Film bildet und der Teig sich vom Topf löst. Vom Herd nehmen, den Teig in eine Rührschüssel geben und abkühlen lassen. Die Eier mit dem Handmixer (Rührstäbe) einzeln einrühren und nach jedem Ei glatt rühren. Der Teig muss so fest sein, dass die Konturen nicht verlaufen.

Den Teig in einen Spritzbeutel mit Lochtülle (10 mm Ø) füllen und spiralförmig, mit ca. 1/2 cm Abstand (damit der Brandteig aufgehen kann), auf die vorgezeichneten Backpapierbögen aufspritzen.

Ein Blech in die Mitte des vorgeheizten Rohres schieben.

Ober-/Unterhitze: 190 Grad
Backzeit: ca. 25 Min.

Den Backvorgang mit der übrigen Brandteigspirale wiederholen.

2. Für die Creme die Gelatine nach Packungsanleitung vorbereiten. Mascarpone mit Topfen, Zucker und Vanillin Zucker zu einer glatten Masse verrühren. Die Gelatine erwärmen und mit Himbeeren einrühren. Die Creme auf eine erkaltete Brandteigspirale geben und gleichmäßig verteilen. Die Torte ca. 30 Min. kalt stellen.

3. Für das Eierlikör-Obers die Gelatine nach Packungsanleitung vorbereiten. Likör mit Zucker verrühren. Die Gelatine erwärmen und unterrühren. Bei beginnender Gelierung (nach ca. 20 Min.) das Schlagobers unterheben. Das Eierlikör-Obers auf die Creme streichen und mit der Brandteigspirale abschließen. Die Torte ca. 40 Min. kalt stellen.

Tipp: Die Torte vor dem Servieren mit Staubzucker leicht bestreuen.

Lagerung: Die Torte ist abgedeckt im Kühlschrank ca. 2 Tage haltbar.

Gebackene Topfen-Torte mit HIMBEEREN

ca. 60 Min.

Zutaten für ca. 14 Portionen

Mürbteig

250 g glattes Mehl
125 g raumwarme Butter
70 g gesiebter Staubzucker
1 Ei (Größe M)
1 Pkg. Dr. Oetker Vanillin Zucker
1 Pkg. Dr. Oetker Pistazien gehackt

Zum Blindbacken

500 g getrocknete Linsen

Himbeer-Einlage

250 g Himbeeren
1 Pkg. Dr. Oetker Pistazien gehackt

Topfen-Masse

100 g Butter
50 g gesiebter Staubzucker
1 Pck. Dr. Oetker Vanillin Zucker
1 Prise Salz
1 Pck. Dr. Oetker Original Pudding Vanille-Geschmack
4 Dotter (Größe M)
4 Eiklar (Größe M)
50 g Zucker
500 g Speisetopfen
125 Créme fraîche

Zum Bestreuen

etwas Staubzucker

Zubereitung

1. Für den Teig das Mehl in eine Rührschüssel sieben. Die übrigen Zutaten der Reihe nach dazugeben und mit dem Handmixer (Knethaken) zu einem Teig verkneten. In Frischhaltefolie gewickelt ca. 30 Min. kalt stellen.

2/3 des Teiges auf einer bemehlten Arbeitsfläche rund (24 cm Ø) ausrollen und eine leicht befettete Springform damit auslegen. Den übrigen Teig zu einer Rolle formen und mit den Fingern am Formrand ca. 2/3 hoch hochdrücken.

2. Die Linsen zum Blindbacken in der Form verteilen.

Die Form auf dem Rost in die Mitte des vorgeheizten Rohres schieben.

Ober-/Unterhitze: 180 Grad
Backzeit: ca. 15 Min.

Die überkühlte Form schräg halten und die losen Linsen mit einem Löffel entfernen.

3. Für die Einlage Himbeeren und Pistazien auf dem erkalteten Mürbteigboden verteilen.

4. Für die Masse Butter mit Staubzucker, Vanillin Zucker, Salz und Puddingpulver mit dem Handmixer (Rührstäbe) cremig aufschlagen. Die Dotter einzeln einrühren. Eiklar mit Zucker cremig aufschlagen und mit dem Kochlöffel unterheben. Topfen und Créme fraîche einrühren. Die Masse in der Form glatt streichen.

Die Form auf dem Rost in die Mitte des vorgeheizten Rohres schieben und **bei gleicher Herdeinstellung ca. 70 Min. backen.**

5. Den erkalteten Kuchen mit Staubzucker leicht bestreuen.

Lagerung: Die Torte ist bei Raumtemperatur ca. 3 Tage haltbar.

WALDBEEREN-
Pudding-Schnitten
(Titelrezept)

ca. 60 Min.

Zutaten für ca. 14 Portionen

Sandmasse

6 Eier (Größe M)
180 g Zucker
1 Pck. Dr. Oetker Vanillin Zucker
1 Prise Salz
240 g Universal Mehl
1 gestrichener KL Dr. Oetker Backpulver
80 g zerlassene Butter

Pudding-Obers-Creme

7 Stk. Dr. Oetker Blatt Gelatine
1/2 l Milch
50 g Zucker
1 Pck. Dr. Oetker Original Pudding Vanille-Geschmack
400 ml geschlagenes Schlagobers

Beeren-Belag

1 kg Beeren (Himbeeren, Brombeeren, Heidelbeeren)

Zum Bestreuen

etwas Staubzucker

Zubereitung

1. Für die Masse Eier mit Zucker, Vanillin Zucker und Salz mit dem Handmixer (Rührstäbe) schaumig aufschlagen. Mehl mit Backpulver vermischen, darübersieben und mit der Butter mit dem Kochlöffel unterheben.

Einen Backrahmen (30 x 30 cm) auf ein befettetes Backblech stellen. Die Masse im Backrahmen verteilen und glatt streichen.

Das Blech in die Mitte des vorgeheizten Rohres schieben.

Ober-/Unterhitze: 190 Grad
Backzeit: ca. 25 Min.

2. Für die Creme die Gelatine nach Packungsanleitung vorbereiten. Milch mit Zucker und Puddingpulver unter Rühren zu einem Pudding kochen. Die Gelatine unter den noch heißen Pudding rühren. Unter mehrmaligem Umrühren bis zur beginnenden Gelierung (nach ca. 30 Min.) abkühlen lassen. Das Schlagobers unterheben. Die Creme gleichmäßig auf den erkalteten Kuchen geben und glatt streichen. Den Kuchen ca. 1 Std. kalt stellen.

Den Kuchen in Schnitten schneiden.

3. Die Waldbeeren dekorativ auf den Schnitten verteilen und mit Staubzucker bestreut servieren.

Tipp: Wer möchte kann die Beeren zusätzlich gelieren. 1/2 l verdünnten Himbeersaft und 2 Pck. Dr. Oetker Tortengelee rot nach Packungsanleitung zubereiten. Abgekühlt mit einem Pinsel auf den Früchten verteilen und erstarren lassen.

Lagerung: Die Schnitten sind im Kühlschrank ca. 2 Tage haltbar.

Achtung: Die Beeren aber auf Verderbnis kontrollieren, da nicht geliert.

HIMBEER-
Limettencreme-Torte

ca. 40 Min.

Zutaten für ca. 14 Portionen

Tortenboden

160 g Biskotten

100 g flüssige Dr. Oetker Kuchen Glasur weiß Vanille-Geschmack

Himbeer-Limetten-Creme

5 Stk. Dr. Oetker Blatt Gelatine

350 g Himbeeren

100 g Staubzucker

Saft von 1 Limette

200 g Doppelrahm-Frischkäse (z. B. Philadelphia®)

250 g Speisetopfen

1/4 l geschlagenes Schlagobers

Zum Dekorieren

150 ml geschlagenes Schlagobers

einige Limettenzesten

einige Himbeeren

Zubereitung

1. Für den Tortenboden eine am Boden mit Backpapier ausgelegte Springform (26 cm Ø) mit Biskotten auslegen. Die übrigen Biskotten zerbröseln, mit der Glasur vermischen, mithilfe eines Esslöffels auf den Biskotten verteilen und etwas andrücken. Den Tortenboden ca. 20 Min. kalt stellen.

2. Für die Creme die Gelatine nach Packungsanleitung vorbereiten. Himbeeren mit Staubzucker und Limettensaft passieren. Himbeermark mit Frischkäse und Topfen glatt rühren. Die Gelatine erwärmen und unterrühren. Bei beginnender Gelierung (nach ca. 15 Min.) das Schlagobers unterheben.

   Die Creme auf den vorbereiteten Tortenboden geben und glatt streichen. Die Torte ca. 2 Std. kalt stellen.

3. Die Torte vor dem Servieren mit Schlagobers, Limettenzesten und Himbeeren dekorieren.

Lagerung: Die Torte ist abgedeckt im Kühlschrank ca. 3 Tage haltbar.

Schneller **MARILLEN**-Kuchen

ca. 40 Min.

Zutaten für ca. 24 Portionen

Sandmasse

300 g weiche Butter
300 g gesiebter Staubzucker
1 Pck. Dr. Oetker Vanillin Zucker
1/2 Pck. Dr. Oetker Finesse Geriebene Zitronenschale
1 Prise Salz
4 Eier (Größe M)
2 Dotter (Größe M)
280 g glattes Mehl
1 Pck. Dr. Oetker Original Pudding Vanille-Geschmack
2 gestrichene KL Dr. Oetker Backpulver

Marillen-Belag

1 kg halbierte Marillen

Zum Bestreuen

etwas Staubzucker

Zubereitung

1. Für die Masse Butter mit Staubzucker, Vanillin Zucker, Zitronenschale und Salz mit dem Handmixer (Rührstäbe) cremig aufschlagen. Eier und Dotter einzeln einrühren. Mehl mit Puddingpulver und Backpulver vermischen, darübersieben und mit dem Kochlöffel unterheben.

Die Masse auf ein befettetes bemehltes Backblech (30 x 35 cm) streichen.

2. Die Marillen mit der Schnittfläche nach oben auf der Masse verteilen.

Das Blech in die Mitte des vorgeheizten Rohres schieben.

Ober-/Unterhitze: 190 Grad
Backzeit: ca. 45 Min.

3. Den erkalteten Kuchen mit Staubzucker leicht bestreuen.

Lagerung: Der Kuchen ist kühl und trocken gelagert ca. 3 Tage haltbar.

STACHELBEER-MARILLEN-Kuchen vom Blech

ca. 30 Min.

Zutaten für ca. 24 Portionen

Sandmasse

250 g weiche Butter
180 g gesiebter Staubzucker
1 Pck. Dr. Oetker Vanillin Zucker
1 Prise Salz
4 Eier (Größe M)
300 g glattes Mehl
2 gestrichene KL Dr. Oetker Backpulver
70 ml Milch

Obst-Belag

600 g Stachelbeeren
400 g geviertelte Marillen

Makronenmasse

60 g geraspelte Marzipanrohmasse
2 Eier (Größe M)
80 g Zucker
80 g glattes Mehl

Zubereitung

1. Für die Masse Butter mit Staubzucker, Vanillin Zucker und Salz mit dem Handmixer (Rührstäbe) cremig rühren. Die Eier einzeln einrühren. Mehl mit Backpulver vermischen, darübersieben und mit der Milch mit dem Kochlöffel unterheben.

2. Die Masse auf ein befettetes, bemehltes Backblech (30 x 35 cm) geben und glatt streichen. Stachelbeeren und Marillen auf der Masse gleichmäßig verteilen.

3. Für die Makronenmasse Marzipan mit Eiern glatt rühren. Zucker mit Mehl vermischen und unterrühren. Die Masse in einen Spritzbeutel mit Lochtülle (8 mm Ø) geben und ein Gitter aufspritzen.

Das Blech in die untere Hälfte des vorgeheizten Rohres schieben.

Ober-/Unterhitze: 180 Grad
Backzeit: ca. 45 Min.

Lagerung: Der Kuchen ist abgedeckt und kühl und trocken gelagert ca. 3 Tage haltbar.

PFIRSICH-
Upside-Down-Kuchen

ca. 50 Min.

Zutaten für ca. 14 Portionen

Zum Vorbereiten

30 g Gelbzucker
20 g geriebene Mandeln
500 g Pfirsiche

Sandmasse

140 g weiche Butter
80 g gesiebter Staubzucker
1/2 Pck. Dr. Oetker Finesse Geriebene Orangenschale
1 Prise Salz
2 Dotter (Größe M)
2 Eiklar (Größe M)
80 g Zucker
150 g glattes Mehl
1 gestrichener KL Dr. Oetker Backpulver
70 ml Buttermilch

Zum Bestreuen und Bestreichen

80 g Mandelstifte
60 g passierte Marillenmarmelade
20 ml Wasser

Zubereitung

1. Den Boden einer gut befetteten Springform (26 cm Ø) mit Gelbzucker ausstreuen. 2/3 der Fläche mit Mandeln bestreuen; dabei die Mitte aussparen. Die Pfirsiche an der Spitze kreuzweise (1 - 2 cm lang) einschneiden, 1 - 2 Min. in kochendes Wasser geben und kalt abschrecken. Die Pfirsiche schälen, vierteln und in die Springform schichten.

2. Für die Masse Butter mit Staubzucker, Orangenschale und Salz mit dem Handmixer (Rührstäbe) cremig rühren. Die Dotter einzeln einrühren. Eiklar mit Zucker cremig steif aufschlagen und mit dem Kochlöffel unterheben. Mehl mit Backpulver vermischen, darübersieben und mit der Buttermilch mit dem Kochlöffel unterheben. Die Masse auf den Früchten glatt streichen.

3. Die Mandelstifte darauf streuen.

Die Form auf dem Rost in die untere Hälfte des vorgeheizten Rohres schieben.

Ober-/Unterhitze: 180 Grad
Backzeit: ca. 50 Min.

Den Kuchen vom Springformrand lösen, kurz überkühlen lassen und auf eine Kuchenplatte stürzen.

Marmelade mit Wasser aufkochen und die Pfirsiche damit bestreichen.

Lagerung: Der Kuchen ist abgedeckt und kühl und trocken gelagert ca. 3 Tage haltbar.

PFIRSICH-Buttermilch-Kranz

ca. 40 Min.

Zutaten für ca. 14 Portionen

Zum Vorbereiten

500 g Pfirsiche

Sandmasse

150 g weiche Butter

200 g gesiebter Staubzucker

1 Pck. Dr. Oetker Bourbon Vanille Zucker

1/2 Pck. Dr. Oetker Finesse Geriebene Orangenschale

1 Prise Salz

4 Eier (Größe M)

450 g glattes Mehl

1 Pck. Dr. Oetker Original Pudding Vanille-Geschmack

1/2 Pck. Dr. Oetker Backpulver

100 ml Buttermilch

75 g Dr. Oetker Schoko Tröpfchen

vorbereitete Pfirsiche

Zum Ausstreuen

einige Mandelblättchen

Zum Bestreuen

etwas Staubzucker

Zubereitung

1. Die Pfirsiche an der Spitze kreuzweise (1 - 2 cm lang) einschneiden, 1 - 2 Min. in kochendes Wasser geben und danach kalt abschrecken. Die Pfirsiche schälen und würfelig schneiden.

2. Für die Masse Butter mit Staubzucker, Vanille Zucker, Orangenschale und Salz mit dem Handmixer (Rührstäbe) cremig rühren. Die Eier einzeln einrühren. Mehl mit Puddingpulver und Backpulver vermischen, darübersieben und mit der Buttermilch mit dem Kochlöffel unterheben. Schoko-Tröpfchen und Pfirsiche kurz unterrühren.

3. Die Masse in eine befettete und mit Mandelblättchen ausgestreute Springform mit Kranzboden (26 cm Ø) füllen und glatt streichen.

Die Form auf dem Rost in die untere Hälfte des vorgeheizten Rohres schieben.

Ober-/Unterhitze: 180 Grad
Backzeit: ca. 60 Min.

4. Den erkalteten Pfirsich-Buttermilch-Kranz mit Staubzucker leicht bestreuen.

Lagerung: Der Kuchen ist abgedeckt und kühl und trocken gelagert ca. 3 Tage haltbar.

MANDEL-NEKTARINEN-
Kuchen ohne Backen

ca. 40 Min.

Zutaten für ca. 14 Portionen

Zum Vorbereiten für Füllung und Einlage

750 g Nektarinen

Kuchenboden

100 g gebrochene Vollkornbiskotten

100 g Amarettini-Brösel

50 ml raumwarmes, flüssiges Schlagobers

100 g flüssige Dr. Oetker Kuchen Glasur Vollmilch-Geschmack

Mascarpone-Topfen-Füllung

1/4 l Milch

1 Pck. Dr. Oetker Tortenhilfe Topfen/Joghurt

250 g cremiges Naturjoghurt

500 g Mascarpone

50 g gesiebter Staubzucker

1/2 Röhrchen Dr. Oetker Aroma Bittermandel

Nektarinen-Einlage

500 g vorbereitete geviertelte Nektarinen

Zum Belegen und Dekorieren

vorbereitete Nektarinenspalten

einige Amarettini

etwas Dr. Oetker Streudekor Roségold Mix

einige Dr. Oetker Zucker-Dekor Blümchen

Zubereitung

1. Die Nektarinen an der Spitze kreuzweise (1 - 2 cm lang) einschneiden, 1 - 2 Min. in kochendes Wasser geben und danach kalt abschrecken. Die Nektarinen schälen, 500 g vierteln für die Füllung und 200 g in Spalten schneiden zum Dekorieren.

2. Für den Kuchenboden die Biskottenstücke mit Amarettini-Bröseln vermischen. Schlagobers mit Glasur glatt rühren und mit der Biskotten-Amarettini-Mischung verrühren. Die Masse in eine mit Backpapier ausgelegte, rechteckige Backform (25 x 38 cm) geben, gleichmäßig verteilen und etwas andrücken.
Ca. 40 Min. kalt stellen.

3. Für die Creme Milch mit Tortenhilfepulver glatt rühren. Die übrigen Zutaten der Reihe nach dazugeben und glatt rühren. Die Hälfte der Masse auf den Kuchenboden geben und glatt streichen.

4. Die geviertelten Nektarinen darauf verteilen und die übrige Creme darauf geben. Mit einem Esslöffel zu einer welligen Oberfläche verstreichen. Den Kuchen ca. 2 Std. kalt stellen.

5. Den Kuchen vor dem Servieren mit Nektarinenspalten, Amarettini, Streudekor und Dekor Blümchen beliebig dekorieren.

Lagerung: Der Kuchen ist abgedeckt im Kühlschrank ca. 3 Tage haltbar.

PFIRSICH-RIBISEL-
Streuselkuchen

ca. 50 Min.

Zutaten für ca. 25 Portionen

Sandmasse

380 g weiche Butter
360 g gesiebter Staubzucker
1 Prise Salz
1 Pck. Dr. Oetker Vanillin Zucker
1/2 Pck. Dr. Oetker Finesse Geriebene Orangenschale
6 Eier (Größe M)
450 g glattes Mehl
1/2 Pck. Dr. Oetker Backpulver

Belag

600 g Pfirsiche
250 g rote Ribiseln

Streusel

150 g glattes Mehl
150 g Zucker
120 g kalte Butter
80 g geschälte, geriebene Mandeln
1/2 Pck. Dr. Oetker Finesse Geriebene Orangenschale

Zuckerguss

130 g Puderzucker
2 EL Pfirsichnektar oder Zitronensaft

Zubereitung

1. Für die Masse Butter mit Staubzucker, Salz, Vanillin Zucker und Orangenschale mit dem Handmixer (Rührstäbe) cremig rühren. Die Eier einzeln einrühren. Mehl mit Backpulver vermischen, darübersieben und mit dem Kochlöffel unterheben.

Einen Backrahmen auf ein befettetes, bemehltes Backblech (30 x 35 cm) stellen. Die Masse einfüllen und glatt streichen.

2. Die Pfirsiche an der Spitze kreuzweise (1 -2 cm lang) einschneiden. 1 - 2 Min. in kochendes Wasser geben und danach kalt abschrecken. Die Pfirsiche schälen und in Spalten schneiden. Die Masse mit Pfirsichspalten und Ribiseln belegen.

3. Für die Streusel die Zutaten auf einer Arbeitsfläche mit den Händen verreiben und im Backrahmen verteilen.

Das Blech in die untere Hälfte des vorgeheizten Rohres schieben.

Ober-/Unterhitze: 180 Grad
Backzeit: ca. 35 Min.

Für den Guss Puderzucker mit Pfirsichnektar oder Zitronensaft verrühren und auf dem erkalteten Kuchen mit einem Löffel in Linien verteilen.

Lagerung: Der Kuchen ist abgedeckt und kühl und trocken gelagert ca. 3 Tage haltbar.

RIBISEL-Topfen-Torte

ca. 40 Min.

Zutaten für ca. 12 Portionen

Zum Auslegen

100 g Biskotten

Topfenmasse

250 g Bröseltopfen

500 g Magertopfen

4 Eier (Größe M)

Schale von 1 Zitrone

1 Prise Salz

200 g Zucker

1 Pck. Dr. Oetker Original Pudding Vanille-Geschmack

Zum Unterrühren

250 g rote Ribiseln

Guss

80 g Zucker

20 g Honig

80 g Butter

100 ml flüssiges Schlagobers

60 g Mandelblättchen

Zubereitung

1. Eine befettete, bemehlte Springform (26 cm Ø) mit Biskotten auslegen.

2. Für die Masse die Zutaten der Reihe nach in eine Rührschüssel geben und gut verrühren.

3. Die Ribiseln mit dem Kochlöffel unterrühren.

Die Masse in die Springform (26 cm Ø) füllen und glatt streichen.

Die Form auf dem Rost in die untere Hälfte des vorgeheizten Rohres schieben.

Ober-/Unterhitze: 180 Grad
Backzeit: ca. 60 Min.

4. Für den Guss Zucker mit Honig, Butter und Schlagobers bei geringer Hitze zu dicklicher Konsistenz köcheln lassen. Vom Herd nehmen und die Mandelblättchen unterrühren.

Die Torte aus dem Backrohr nehmen und ca. 5 Min. stehen lassen. Den Guss auf der Torte gleichmäßig mit einem Esslöffel verteilen. Die Torte wieder in das Backrohr schieben und **bei gleicher Herdeinstellung ca. 25 Min. fertig backen.**

Die Torte vom Formrand lösen, ca. 1 Std. in der Tortenform auskühlen lassen und dann erst den Springformrand entfernen. Die Torte vollständig erkalten lassen und mit Staubzucker bestreuen.

Lagerung: Die Torte ist abgedeckt und kühl und trocken gelagert ca. 3 Tage haltbar.

RIBISEL-Marzipan-Schnecken

ca. 50 Min.

Zutaten für 12 Stück

Germteig

250 g glattes Mehl
1/2 Pck. Dr. Oetker Germ
30 g Zucker
1 Prise Salz
100 ml lauwarme Milch (25 Grad)
1 Ei (Größe M)
20 g weiche Butter

Zum Bestreichen und Bestreuen

180 g geraspelte Marzipanrohmasse
1 Ei (Größe M)
400 g rote Ribiseln

Zum Bestreichen

1 Ei
1 EL Milch

Zum Glasieren

150 g Puderzucker
3 EL lauwarmes Wasser

Zubereitung

1. Für den Teig das Mehl in eine Rührschüssel sieben und mit der Germ gut vermischen. Die übrigen Zutaten der Reihe nach dazugeben und mit dem Handmixer (Knethaken) zu einem Teig verkneten. Zugedeckt an einem warmen Ort so lange gehen lassen, bis der Teig doppelt so hoch ist.

Den Teig nach dem Gehen zusammenstoßen (flach drücken und von links und rechts zur Mitte hin einschlagen) und auf einer bemehlten Arbeitsfläche rechteckig (25 x 48 cm) ausrollen.

2. Marzipan mit Ei glatt rühren und auf den Teig streichen; dabei einen Rand von 3 cm auf der Längsseite frei lassen. Die Ribiseln darauf streuen, den Teig aufrollen und in 12 gleich große Stücke schneiden.

Die Schnecken auf ein mit Backpapier ausgelegtes Backblech geben.

3. Ei mit Milch versprudeln und die Schnecken damit abstreichen. Die Schnecken ca. 20 Min. gehen lassen.

Das Blech in die Mitte des vorgeheizten Rohres schieben.

Ober-/Unterhitze: 190 Grad
Backzeit: ca. 25 Min.

4. Puderzucker mit Wasser verrühren und mit einem Spritztütchen auf die erkalteten Schnecken spritzen.

Lagerung: Die Ribisel-Marzipan-Schnecken sind abgedeckt und kühl und trocken gelagert ca. 3 Tage haltbar.

Schneekuchen mit STACHELBEEREN

ca. 40 Min.

Zutaten für ca. 12 Portionen

Sandmasse

80 g weiche Butter

80 g Zucker

1 Pck. Dr. Oetker Vanillin Zucker

3 Dotter (Größe M)

100 g glattes Mehl

2 gestrichene KL Dr. Oetker Backpulver

40 ml Milch

Zum Bestreuen

400 g Stachelbeeren

Schneehaube

3 Eiklar (Größe M)

100 g Zucker

25 g gesiebte Speisestärke

25 g Mandelblättchen

Zubereitung

1. Für die Masse Butter mit Zucker und Vanillin Zucker mit dem Handmixer (Rührstäbe) cremig rühren. Die Dotter einzeln einrühren. Mehl mit Backpulver vermischen, darübersieben und mit der Milch mit dem Kochlöffel unterrühren.

Die Masse in eine am Boden befettete Springform (26 cm Ø) füllen und glatt streichen.

2. Die Stachelbeeren auf der Masse verteilen, dabei einen 1 cm Rand frei lassen.

3. Für die Schneehaube Eiklar mit Zucker cremig steif schlagen und die Speisestärke mit dem Kochlöffel unterrühren. Den Springformrand befetten, die Masse mit einem Esslöffel in der Form verteilen und die Mandelblättchen darüberstreuen.

Die Form auf dem Rost in die untere Hälfte des vorgeheizten Rohres schieben.

Ober-/Unterhitze: 160 Grad
Backzeit: ca. 60 Min.

Den Kuchen nach dem Backen mit Hilfe eines Messers vom Formrand lösen. Den Springformrand entfernen und den Kuchen auf einem Kuchenrost erkalten lassen.

Tipp: Der Kuchen kann mit geschnittenem Rhabarber statt Stachelbeeren zubereitet werden.

Lagerung: Der Kuchen ist abgedeckt und kühl und trocken gelagert ca. 2 Tage haltbar.

MELONEN-HEIDELBEER-Topfen-Torte

ca. 60 Min.

Zutaten für ca. 16 Portionen

Biskuitmasse

4 Eier (Größe M)
80 g Zucker
1 Prise Salz
1/2 Pck. Dr. Oetker Finesse Geriebene Zitronenschale
1 Pck. Dr. Oetker Vanillin Zucker
120 g glattes Mehl
1 Pck. Dr. Oetker Original Pudding Vanille-Geschmack
1/2 KL Dr. Oetker Backpulver

Frucht-Füllung

2 Stk. Dr. Oetker Blatt Gelatine
20 g Zucker
2 EL Speisestärke
100 ml Himbeerdicksaft
200 ml Wasser

Zum Unterrühren

300 g würfelig geschnittene Honigmelone
100 g Heidelbeeren

Topfenmasse

6 Stk. Dr. Oetker Blatt Gelatine
500 g Speisetopfen
100 g Zucker
1 Pck. Dr. Oetker Vanillin Zucker
Saft von 1 Zitrone
1/4 l geschlagenes Schlagobers

Zubereitung

1. Für die Masse Eier mit Zucker, Salz, Zitronenschale und Vanillin Zucker mit dem Handmixer (Rührstäbe) schaumig aufschlagen. Mehl mit Puddingpulver und Backpulver vermischen, darübersieben und mit dem Kochlöffel unterheben.

Die Masse in eine am Boden mit Backpapier ausgelegte Springform (26 cm Ø) füllen und glatt streichen.

Die Form auf dem Rost in die Mitte des vorgeheizten Rohres schieben.

Ober-/Unterhitze: 180 Grad
Backzeit: ca. 20 Min.

2. Für die Frucht-Füllung die Gelatine nach Packungsanleitung vorbereiten. Zucker mit Stärke, Dicksaft und Wasser unter Rühren zu sämiger Konsistenz kochen. Vom Herd nehmen, die Gelatine unterrühren und das Ganze etwas überkühlen lassen.

3. Melonenstücke und Heidelbeeren unterrühren.

Die erkaltete Torte 1-mal durchschneiden und den Tortenboden mit dem Springformrand umstellen.

4. Für die Topfenmasse die Gelatine nach Packungsanleitung vorbereiten. Topfen mit Zucker, Vanillin Zucker und Zitronensaft verrühren. Die Gelatine erwärmen und unterrühren. Bei beginnender Gelierung (nach ca. 15 Min.) das Schlagobers unterheben. 2/3 der Masse auf den Tortenboden streichen.
4 EL der Frucht-Füllung zur Seite geben. Die übrige Frucht-Füllung mit dem Löffel auf der noch weichen Creme verteilen. Mit dem Tortenoberteil abdecken und die restliche Topfenmasse darauf streichen. Die zur Seite gegebene Frucht-Füllung darauf verteilen. Die Torte mind. 3 Std. kalt stellen.

Lagerung: Die Torte ist abgedeckt im Kühlschrank ca. 3 Tage haltbar.

APFEL-PREISELBEER-Wähe

ca. 50 Min.

Zutaten für ca. 14 Portionen

Germteig

200 g glattes Mehl
1/2 Pck. Dr. Oetker Germ
30 g Zucker
1 Pck. Dr. Oetker Bourbon Vanille Zucker
1 Prise Salz
1/2 Pck. Dr. Oetker Finesse Geriebene Zitronenschale
125 g lauwarmer Sauerrahm (25 Grad)
1 Dotter (Größe M)

Belag

600 g Apfelspalten mit roter Schale

Sauerrahm-Guss

250 g Sauerrahm
10 g Dr. Oetker Original Pudding Vanille-Geschmack
20 g Zucker
1 Pck. Dr. Oetker Vanillin Zucker
1 Prise Salz
2 Eier (Größe M)

Zum Dekorieren

2 EL abgetropftes Preiselbeer-Kompott

Zubereitung

1. Für den Teig das Mehl in eine Rührschüssel sieben und mit der Germ gut vermischen. Die übrigen Zutaten der Reihe nach dazugeben und mit dem Handmixer (Knethaken) zu einem glatten Teig verkneten. Zugedeckt an einem warmen Ort so lange gehen lassen, bis der Teig doppelt so hoch ist.

Den Teig nach dem Gehen auf einer leicht bemehlten Arbeitsfläche rund (30 cm Ø) ausrollen, in eine befettete, bemehlte Pieform (26 cm Ø) geben und am Formrand etwas hochdrücken.

2. Den Teig mit Apfelspalten belegen.

3. Für den Guss die Zutaten glatt rühren und über die Äpfel gießen. Das Ganze ca. 20 Min. gehen lassen.

Die Form auf dem Rost in die untere Hälfte des vorgeheizten Rohres schieben.

Ober-/Unterhitze: 180 Grad
Backzeit: ca. 35 Min.

4. Die lauwarme Wähe mit Preiselbeer-Kompott auf den Äpfeln servieren.

Tipp: Rezept Preiselbeer-Kompott siehe Seite 77.

Lagerung: Die Wähe ist abgedeckt und kühl und trocken gelagert ca. 2 Tage haltbar.

PREISELBEER-Gugelhupf

ca. 50 Min.

Zutaten für ca. 12 Portionen

Germteig

450 g glattes Mehl
1/2 Pck. Dr. Oetker Germ
1 Pck. Dr. Oetker Bourbon Vanille Zucker
1 Prise Salz
1 Prise Kardamon
40 g Zucker
1/4 l lauwarme Milch (25 Grad)
1 Ei (Größe M)
40 g weiche Butter

Zum Bestreichen

20 g flüssige, heiße Butter

Preiselbeer-Füllung

300 g Preiselbeer-Kompott
2 Pck. Dr. Oetker Sahnesteif

Zubereitung

1. Für den Teig das Mehl in eine Rührschüssel sieben und mit der Germ gut vermischen. Die übrigen Zutaten der Reihe nach dazugeben und mit dem Handmixer (Knethaken) zu einem Teig verkneten. Zugedeckt an einem warmen Ort so lange gehen lassen, bis der Teig doppelt so hoch ist.

Den Teig nach dem Gehen auf einer leicht bemehlten Arbeitsfläche zusammenstoßen (flach drücken und von links und rechts zur Mitte hin einschlagen) und rechteckig ausrollen.

2. Den Teig mit Butter bestreichen.

3. Für die Füllung Preiselbeer-Kompott mit Sahnesteif verrühren und ca. 5 Min. zum Anziehen stehen lassen. Die Füllung so auf dem Teig verteilen, dass ein 2 cm Rand frei bleibt. Den Teig aufrollen, die Enden ineinanderstecken, in eine befettete Gugelhupfform (22 cm Ø) geben und in die Form drücken. Zugedeckt an einem warmen Ort so lange gehen lassen, bis der Teig doppelt so hoch ist. Den Gugelhupf mit einem spitzen Messer mehrmals einstechen.

Die Form auf dem Rost in die untere Hälfte des vorgeheizten Rohres schieben.

Ober-/Unterhitze: 190 Grad
Backzeit: ca. 35 Min.

Den Gugelhupf nach dem Backen kurz überkühlen lassen und auf eine Kuchenplatte stürzen.

Tipp: Der Gugelhupf wird vor dem Backen mit einem Messer eingestochen, damit die eingerollte Luft entweichen kann, um Hohlräume zu vermeiden.

Lagerung: Der Gugelhupf ist abgedeckt und kühl und trocken gelagert ca. 3 Tage haltbar.

Für **Preiselbeer-Kompott** 600 g Preiselbeeren mit 150 ml Wasser, 260 g Zucker verrühren, aufkochen und ca. 5 Min. dünsten lassen. Vom Herd nehmen und 2 EL Dr. Oetker Einsiedehilfe einrühren. Das heiße Kompott randvoll in Gläser füllen und verschließen.

Backen im HERBST

ZWETSCHKENFLECK

ca. 40 Min.

Zutaten für ca. 30 Portionen

Germteig

300 g glattes Mehl
1/2 Pck. Dr. Oetker Germ
1 Prise Salz
20 g Zucker
1 Pck. Dr. Oetker Vanillin Zucker
3 Tropfen Dr. Oetker Aroma Zitrone
1 Ei (Größe M)
140 ml lauwarme Milch (25 Grad)
30 g zerlassene Butter

Zum Belegen und Bestreuen

1 kg entsteinte, fächerförmig eingeschnittene Zwetschken
etwas Zimt-Zucker

Zubereitung

1. Für den Teig das Mehl in eine Rührschüssel sieben und mit der Germ gut vermischen. Die übrigen Zutaten der Reihe nach dazugeben und mit dem Handmixer (Knethaken) zu einem Teig verkneten. Zugedeckt an einem warmen Ort so lange gehen lassen, bis der Teig doppelt so hoch ist.

Den Teig auf einer bemehlten Arbeitsfläche zusammenstoßen, ca. 1 cm dick ausrollen und auf ein befettetes, bemehltes Backblech (30 x 35 cm) geben.

2. Den Teig dicht mit Zwetschken - mit der Schnittfläche nach oben - belegen. Zugedeckt ca. 20 Min. gehen lassen.

Das Blech in die Mitte des vorgeheizten Rohres schieben.

Ober-/Unterhitze: 180 Grad
Backzeit: ca. 40 Min.

Den ausgekühlten Kuchen gut mit Zimt-Zucker bestreuen.

Tipps: Sind die Zwetschken besonders saftig 150 g Marzipanrohmasse mit 1 Ei (Größe M) glatt rühren und den Germteig vor dem Belegen damit bestreichen.

Statt Zwetschken kann man auch Marillen verwenden.

Lagerung: Der Zwetschkenfleck ist kühl und trocken gelagert ca. 2 Tage haltbar.

ZWETSCHKEN-Auflauf

ca. 40 Min.

Zutaten für ca. 10 Portionen

Auflaufmasse

500 g Speisetopfen
60 g Braunzucker
20 g Speisestärke
1 Pck. Dr. Oetker Vanillin Zucker
Schale von 1 Zitrone
4 Dotter (Größe M)
3 Eiklar (Größe M)
70 g Braunzucker
30 g Grieß

Zum Ausstreuen

einige geriebene Mandeln

Zum Belegen

1 kg entsteinte Zwetschken

Zum Beträufeln und Bestreuen

2 EL Ahornsirup
etwas Staubzucker

Zubereitung

1. Für die Auflaufmasse Topfen mit Braunzucker, Stärke, Vanillin Zucker, Zitronenschale und Dotter glatt rühren. Eiklar mit Braunzucker mit dem Handmixer (Rührstäbe) steif schlagen und mit dem Kochlöffel unterheben. Den Grieß unterrühren.

2. Die Masse in eine befettete, mit Mandeln ausgestreute Auflaufform (20 x 30 cm) füllen und glatt streichen.

3. Die Zwetschken vierteln und die Auflaufmasse dicht damit belegen.

Die Form auf dem Rost in die Mitte des vorgeheizten Rohres schieben.

Ober-/Unterhitze: 180 Grad
Backzeit: ca. 30 Min.

4. Den warmen Auflauf mit Ahornsirup beträufeln und mit Staubzucker bestreut servieren.

Lagerung: Der Auflauf ist abgedeckt und kühl und trocken gelagert ca. 2 Tage haltbar.

TRAUBEN-Tartelettes mit Wein-Creme

ca. 40 Min.

Zutaten für ca. 8 Stück

Teig

300 g frischer Blätterteig

Zum Bestreichen

1 Dotter (Größe M)
1 KL flüssiges Schlagobers

Wein-Creme

3 Stk. Dr. Oetker Blatt Gelatine
2 Dotter (Größe M)
25 g Zucker
50 ml trockener Weißwein
100 ml geschlagenes Schlagobers
2 Eiklar (Größe M)
25 g Zucker

Zum Belegen

125 g halbierte, kernlose blaue und rote Weintrauben

Zum Bestreuen

2 EL Krümel-Kandis

Zubereitung

1. Den Blätterteig auf einer bemehlten Arbeitsfläche etwas ausrollen und 8 Scheiben (12 cm Ø) ausstechen.

Befettete und bemehlte Tartelettesförmchen mit den Teigscheiben auslegen und mit einer Gabel mehrmals einstechen.

2. Dotter mit Schlagobers versprudeln und die Teigscheiben damit bestreichen.

Die Förmchen auf dem Rost in die Mitte des vorgeheizten Rohres schieben.

Ober-/Unterhitze: 200 Grad
Backzeit: ca. 20 Min.

3. Für die Creme die Gelatine nach Packungsanleitung vorbereiten. Dotter mit Zucker und Wein über Dampf (Wasserbad) mit der Schneerute aufschlagen. Vom Herd nehmen und mit dem Handmixer (Rührstäbe) schaumig kalt schlagen. Die Gelatine erwärmen und unterrühren. Das Schlagobers unterheben. Eiklar mit Zucker cremig steif schlagen und mit dem Kochlöffel unterheben. Die Wein-Creme gleichmäßig auf die Tartelettes aufteilen.

4. Bei beginnender Gelierung (nach ca. 20 Min.) mit Weintrauben belegen und mit Krümel-Kandis bestreuen.

Lagerung: Die Tartelettes sind abgedeckt im Kühlschrank ca. 2 Tage haltbar.

Einfache APFEL-Torte

ca. 30 Min.

Zutaten für ca. 14 Portionen

Sandmasse

100 g flüssige Butter
200 g gesiebter Staubzucker
1 Pck. Dr. Oetker Vanillin Zucker
1 Prise Salz
2 Eier (Größe M)
130 g glattes Mehl
1/2 Pck. Dr. Oetker Backpulver
1/8 l Milch
5 Stk. geschälte, entkernte, in Scheiben geschnittene Äpfel

Zum Servieren

etwas Vanille-Eis
etwas Dr. Oetker Streudekor nach Wahl

Zubereitung

1. Für die Masse Butter mit Staubzucker, Vanillin Zucker, Salz und Eiern mit dem Handmixer (Rührstäbe) glatt rühren. Mehl mit Backpulver vermischen, darübersieben und mit der Milch mit dem Kochlöffel zu dicklicher Konsistenz verrühren. Die Apfelscheiben unterrühren.

Die Masse in eine befettete, bemehlte Springform (26 cm Ø) füllen und mit einem Löffel glätten.

Die Form auf dem Rost in die Mitte des vorgeheizten Rohres schieben.

Ober-/Unterhitze: 180 Grad
Backzeit: ca. 45 Min.

2. Die lauwarme Torte vom Springformrand lösen, mit Vanille-Eis anrichten und mit etwas Streudekor bestreut servieren.

Tipp: Zur Apfel-Torte kann man auch Dr. Oetker Bourbon-Vanille-Soße (aus dem Kühlregal) statt Vanille-Eis servieren.

Lagerung: Die Apfel-Torte ist abgedeckt im Kühlschrank ca. 2 Tage haltbar.

APFEL-HOLUNDER-Torte

ca. 50 Min.

Zutaten für ca. 14 Portionen

Sandmasse

150 g Butter
40 g gesiebter Staubzucker
1 Pck. Dr. Oetker Vanillin Zucker
1/2 Pck. Dr. Oetker Finesse Geriebene Zitronenschale
1 Prise Salz
3 Dotter (Größe M)
3 Eiklar (Größe M)
70 g Zucker
100 g glattes Mehl
1 gestrichener KL Dr. Oetker Backpulver
1 Pck. Dr. Oetker Original Pudding Vanille-Geschmack
30 ml Milch

Apfel-Füllung

3 Stk. Dr. Oetker Blatt Gelatine
80 g Zucker
350 ml Apfelsaft
500 g geschälte, geviertelte, entkernte Äpfel
1 Pck. Dr. Oetker Original Pudding Vanille-Geschmack
3 EL kaltes Wasser

Topfen-Holunder-Creme

4 Stk. Dr. Oetker Blatt Gelatine
125 g Speisetopfen
125 g Joghurt
40 g gesiebter Staubzucker
1/8 l geschlagenes Schlagobers

Zum Marmorieren

2 Stk. Dr. Oetker Blatt Gelatine
100 g Holundermarmelade

Zubereitung

1. Für die Masse Butter mit Staubzucker, Vanillin Zucker, Zitronenschale und Salz mit dem Handmixer (Rührstäbe) cremig aufschlagen. Die Dotter einzeln einrühren. Eiklar mit Zucker cremig steif aufschlagen und mit dem Kochlöffel unterheben. Mehl mit Backpulver und Puddingpulver vermischen, darübersieben und mit der Milch mit dem Kochlöffel unterheben.

Die Masse in eine befettete, bemehlte Springform (26 cm Ø) füllen und glatt streichen.

Die Form auf dem Rost in die Mitte des vorgeheizten Rohres schieben.

Ober-/Unterhitze: 180 Grad
Backzeit: ca. 35 Min.

Den erkalteten Tortenboden mit dem Springformrand umstellen.

2. Für die Füllung die Gelatine nach Packungsanleitung vorbereiten. Den Zucker in einer Pfanne schmelzen, mit 150 ml des Apfelsaftes ablöschen und den Karamell bei geringer Hitze darin auflösen. Übrigen Apfelsaft und geviertelte Äpfel dazugeben und zugedeckt kernig dünsten. Die Äpfel abseihen und den Kompottsaft dabei auffangen. Puddingpulver mit Wasser verrühren und mit dem aufgefangenen Apfelsaft unter Rühren zu einem Pudding kochen. Die Gelatine unter den heißen Pudding rühren und die gedünsteten Äpfel untermischen. Die Füllung auf den erkalteten Tortenboden geben, glatt streichen und ca. 1 Std. kalt stellen.

3. Für die Creme die Gelatine nach Packungsanleitung vorbereiten. Topfen mit Joghurt, und Staubzucker glatt rühren. Die Gelatine erwärmen und unterrühren. Bei beginnender Gelierung (nach ca. 15 Min.) das Schlagobers unterheben.

4. Für die Marmorierung die Gelatine nach Packungsanleitung zubereiten und mit Marmelade verrühren.

Die Topfen-Holundercreme mit 2/3 der Marmelade kurz verrühren und auf die erkaltete Apfel-Füllung geben. Mithilfe eines Esslöffels wellenförmig verstreichen. Die übrige Marmelade in Klecksen auf der Torte verteilen. Die Torte ca. 1 Std. kalt stellen.

Lagerung: Die Torte ist abgedeckt im Kühlschrank ca. 3 Tage haltbar.

BIRNEN-HOLUNDER-Schnecken

ca. 40 Min.

Zutaten für 24 Stück

Birnen-Holunder-Füllung

500 g geschälte, entkernte, klein würfelig geschnittene Birnen

60 g Zucker

300 ml Holunderbeerensaft

1 Pck. Dr. Oetker Original Pudding Vanille-Geschmack

Germteig

400 g glattes Mehl

1 Pck. Dr. Oetker Germ

1 Pck. Dr. Oetker Vanillin Zucker

1 Prise Salz

1/2 Pck. Dr. Oetker Finesse Geriebene Orangenschale

200 ml lauwarme Milch (25 Grad)

1 Ei (Größe M)

80 g weiche Butter

Zum Bestreichen und Bestreuen

70 g flüssige Butter

50 g Zucker

1 KL Zimt

etwas Staubzucker

Zubereitung

1. Für die Füllung die Zutaten unter Rühren dickflüssig einkochen und unter mehrmaligem Umrühren abkühlen lassen.

2. Für den Teig das Mehl in eine Rührschüssel sieben und mit der Germ gut vermischen. Die übrigen Zutaten der Reihe nach dazugeben und mit dem Handmixer (Knethaken) zu einem Teig verkneten. Zugedeckt an einem warmen Ort so lange gehen lassen, bis der Teig doppelt so hoch ist.

Den Teig auf einer bemehlten Arbeitsfläche zusammenstoßen (flach drücken und von links und rechts zur Mitte hin einschlagen) und rechteckig (30 x 48 cm) ausrollen.

3. 2/3 der Teigfläche mit der Hälfte der flüssigen Butter bestreichen. Zucker mit Zimt vermischen und die Hälfte aufstreuen. Die vorbereitete lauwarme Füllung mit einem Esslöffel gleichmäßig auf dem Zimt-Zucker verteilen.

Den Teig zu einer Rolle einrollen, in 24 Stücke schneiden und in zwei befettete, bemehlte Muffinsformen geben. Mit der übrigen Butter bestreichen, mit dem übrigen Zimt-Zucker bestreuen und ca. 20 Min. gehen lassen.

Ein Muffinsblech auf dem Rost in die untere Hälfte des vorgeheizten Rohres schieben.

Ober-/Unterhitze: 190 Grad
Backzeit: ca. 25 Min.

Den Backvorgang mit den übrigen Schnecken wiederholen.

Die Birnen-Holunder-Schnecken ca. 10 Min. überkühlen lassen, aus der Form lösen und vor dem Servieren mit Staubzucker bestreuen.

Tipp: Die Birnen-Holunder-Schnecken kann man auch in einer Springform statt in der Muffinsform backen.

Lagerung: Die Schnecken sind abgedeckt und kühl und trocken gelagert ca. 3 Tage haltbar.

BIRNEN-
Schokoladen-Kuchen

ca. 30 Min.

Zutaten für ca. 12 Portionen

Sandmasse

170 g weiche Butter
120 g gesiebter Staubzucker
1 Pck. Dr. Oetker Bourbon Vanille Zucker
3 Eier (Größe M)
200 g glattes Mehl
2 gestrichene KL Dr. Oetker Backpulver
20 g Backkakao
1 Pck. Dr. Oetker Raspelschokolade Zartbitter

Zum Belegen

700 g geschälte, entkernte, würfelig geschnittene Birnen

Zum Verzieren

60 g flüssige Dr. Oetker Kuchen Glasur Kakao
60 g flüssige Dr. Oetker Kuchen Glasur Vollmilch-Geschmack

Zubereitung

1. Für die Masse Butter mit Staubzucker und Vanille Zucker mit dem Handmixer (Rührstäbe) cremig rühren. Die Eier einzeln einrühren. Mehl mit Backpulver und Kakao vermischen, darübersieben und mit Raspelschokolade mit dem Kochlöffel unterheben. Die Masse in eine befettete Auflaufform (20 x 28 cm) füllen und glatt streichen.

2. Die Birnenstücke auf der Masse verteilen.

Die Form auf dem Rost in die untere Hälfte des vorgeheizten Rohres schieben.

Ober-/Unterhitze: 180 Grad
Backzeit: ca. 45 Min.

3. Zum Verzieren die Glasuren auf dem erkalteten Kuchen mit einer Gabel marmorieren und fest werden lassen.

Tipp: Die Glasuren nicht verstreichen, um den zweifarbigen Effekt zu erhalten.

Lagerung: Der Kuchen ist abgedeckt und kühl und trocken gelagert ca. 3 Tage haltbar.

BIRNEN-Schnitten mit Streuseln

ca. 60 Min.

Zutaten für ca. 12 Portionen

Sandmasse

- 250 g weiche Butter
- 250 g gesiebter Staubzucker
- 1 Pck. Dr. Oetker Vanillin Zucker
- 1/2 Pck. Dr. Oetker Finesse Geriebene Zitronenschale
- 1 Prise Salz
- 3 Eier (Größe M)
- 2 Dotter (Größe M)
- 250 g glattes Mehl
- 1 gestrichener KL Dr. Oetker Backpulver

Zum Belegen

- 450 g reife, geschälte, grob geschnittene Birnen

Zum Bestreuen

- 3 EL Zucker
- etwas Zimt

Streusel

- 200 g glattes Mehl
- 100 g gesiebter Staubzucker
- 1 Pck. Dr. Oetker Vanillin Zucker
- 100 g kalte Butter
- 100 g Dr. Oetker Schoko Tröpfchen

Zubereitung

1. Für die Masse Butter mit Staubzucker, Vanillin Zucker, Zitronenschale und Salz mit dem Handmixer (Rührstäbe) cremig aufschlagen. Eier und Dotter einzeln einrühren. Mehl mit Backpulver vermischen, darübersieben und mit dem Kochlöffel unterheben. Die Masse auf einem befetteten, bemehlten Backblech (30 x 35 cm) glatt streichen.

2. Die Birnen auf der Masse verteilen.

3. Zimt mit Zucker vermischen und darauf streuen.

4. Für die Streusel Mehl mit Staubzucker, Vanillin Zucker und Butter mit den Händen verreiben und die Schoko-Tröpfchen kurz untermischen. Die Streusel auf den Birnen verteilen.

Das Blech in die untere Hälfte des vorgeheizten Rohres schieben.

Ober-/Unterhitze: 180 Grad
Backzeit: ca. 40 Min.

Lagerung: Die Schnitten sind abgedeckt und kühl und trocken gelagert ca. 3 Tage haltbar.

BIRNEN-Krokant-Roulade

ca. 50 Min.

Zutaten für ca. 12 Portionen

Birnen-Pudding-Füllung

600 g geschälte Birnen
2 EL Zitronensaft
1/2 Pck. Dr. Oetker Original Pudding Vanille-Geschmack
2 EL Wasser
1/4 l flüssiges Schlagobers
1 Pck. Dr. Oetker Sahnesteif

Bisksuitmasse mit Krokant

4 Eier (Größe M)
1 Dotter (Größe M)
70 g Zucker
1 Pck. Dr. Oetker Vanillin Zucker
80 g glattes Mehl
1/2 KL Dr. Oetker Backpulver
1 EL Backkakao

Zum Bestreuen

100 g Dr. Oetker Haselnuss Krokant

Zubereitung

1. Für die Füllung die Birnen entkernen, klein schneiden und mit Zitronensaft bei geringer Hitze ca. 3 Min. zugedeckt weich dünsten. Puddingpulver mit Wasser glatt rühren, zu den Birnen geben und unter Rühren aufkochen. Die Birnenmasse in eine Schüssel geben und unter mehrmaligem Umrühren erkalten lassen.

2. Für die Masse Eier mit Dotter, Zucker und Vanillin Zucker mit dem Handmixer (Rührstäbe) schaumig aufschlagen. Mehl mit Backpulver und Kakao vermischen, darübersieben und mit dem Kochlöffel unterrühren.

3. Die Masse gleichmäßig auf ein mit Backpapier ausgelegtes Backblech (30 x 35 cm) streichen und mit Krokant bestreuen.

Das Blech in die Mitte des vorgeheizten Rohres schieben.

Ober-/Unterhitze: 200 Grad
Backzeit: ca. 10 Min.

Das Biskuit auf dem Blech etwas überkühlen lassen, auf ein leicht bemehltes Backpapier stürzen und das Backpapier abziehen.

Für die Füllung Schlagobers mit Sahnesteif aufschlagen und unter die erkaltete Birnenmasse rühren. Die Füllung so auf das erkaltete Biskuit streichen, dass im ersten Drittel der Roulade eine leichte Erhöhung entsteht. Das Biskuit zur Roulade einrollen und bis zum Servieren kalt stellen.

Lagerung: Die Roulade ist abgedeckt im Kühlschrank ca. 3 Tage haltbar.

QUITTEN-Tiramisu

ca. 60 Min.

Zutaten für 12 Portionen

Quitten-Kompott

800 g Quitten
ca. 1,5 l kaltes Wasser
2 Pck. Dr. Oetker Zitronensäure (à 5 g)
400 ml Birnensaft
100 g Braunzucker
50 ml Birnensaft
1 Pck. Dr. Oetker Original Pudding Vanille-Geschmack
5 ml Dr. Oetker Madagaskar Bourbon Vanille Paste (1 Verschlusskappe)

Läuterzucker

100 g Zucker
100 ml Wasser

Zum Tränken

1/8 l Espresso
3 - 4 EL Williams-Christ-Birnengeist
vorbereiteter Läuterzucker

Creme und Einlage

500 g Mascarpone
500 g Speisetopfen (20 %)
1 EL gesiebter Staubzucker
300 g Biskotten

Zum Bestreuen

2 EL Braunzucker
1 EL ungesüßtes Instant-Espressopulver

Zubereitung

1. Für das Kompott die Quitten mit einem Tuch trocken abreiben, um den Flaum zu entfernen. Die Quitten vierteln, schälen, entkernen und in Spalten schneiden. Wasser mit Zitronensäure vermischen und die Quittenspalten hineingeben, damit sie nicht braun werden. Birnensaft mit Zucker aufkochen. Die abgetropften Quitten dazugeben und ca. 20 Min. zugedeckt weich dünsten. Birnensaft mit Puddingpulver und Vanille Paste verrühren, in die kochende Fruchtmasse einrühren, ca. 1 Min. unter Rühren kochen, in eine Schüssel geben und erkalten lassen.

2. Für den Läuterzucker Zucker mit Wasser 1-mal aufkochen.

3. Zum Tränken Espresso mit Birnengeist und Läuterzucker verrühren.

4. Für die Creme Mascarpone mit Topfen und Staubzucker verrühren. Eine Lage Biskotten in eine Auflaufform (20 x 30 cm) geben und mit der Hälfte der Tränke beträufeln. Das Quitten-Kompott darauf verteilen.

   Die Hälfte der Creme darauf glatt streichen und eine weitere Schicht Biskotten darauf verteilen. Mit der übrigen Tränke beträufeln und die übrige Creme darauf glatt streichen.

5. Braunzucker und Espressopulver darauf streuen. Das Tiramisu über Nacht kalt stellen.

Lagerung: Das Tiramisu ist abgedeckt im Kühlschrank ca. 3 Tage haltbar.

QUITTEN-Crumble

ca. 60 Min.

Zutaten für ca. 10 Portionen

Quitten-Füllung

2 große Quitten
2 EL Apfelessig
2 EL Butter
30 g Rohrzucker
1 KL Zimt
1/2 KL Dr. Oetker Madagaskar Bourbon Vanille Extrakt
300 g Naturjoghurt
1 Pck. Dr. Oetker Puddingpulver Vanille-Geschmack

Streusel

50 g weiche Butter
40 g Rohrzucker
70 g geriebene Mandeln
30 g glattes Mehl
1/2 KL Zimt

Zum Bestreuen

etwas Staubzucker

Zubereitung

1. Für die Füllung die Quitten mit einem Tuch trocken abreiben, um den Flaum zu entfernen. Die Quitten vierteln, schälen, entkernen und in Würfel schneiden. Die Quittenwürfel mit Essig vermischen. 1 EL Butter erhitzen, die Quittenstücke, Rohrzucker, Zimt und Vanille Extrakt dazugeben und ca. 10 Min. zugedeckt dünsten, bis die Quittenstücke bissfest sind. Joghurt mit Puddingpulver verrühren und unter die Quittenmasse rühren. Die Masse in einer befetteten, runden Auflaufform (30 cm Ø) verteilen.

2. Für die Streusel die Zutaten mit den Händen verreiben und auf der Quittenmasse verteilen.

Die Form auf dem Rost in die Mitte des vorgeheizten Rohres schieben.

Ober-/Unterhitze: 190 Grad
Backzeit: ca. 30 Min.

3. Den lauwarmen Quittencrumble mit Staubzucker bestreuen und frisch servieren.

Tipp: Den Crumble mit Schoko-Eis servieren.

Marmorierter Schoko-BIRNEN-Kuchen

ca. 40 Min.

Zutaten für ca. 12 Portionen

All-in-Sandmasse

200 g glattes Mehl

2 gestrichene KL Dr. Oetker Backpulver

170 g Zucker

1 Pck. Dr. Oetker Bourbon Vanille Zucker

1 Prise Salz

250 g weiche Butter

5 Eier (Größe M)

Zum Unterrühren

600 g geschälte, entkernte, würfelig geschnittene Birnen

100 g Dr. Oetker Raspelschokolade

Zum Glasieren

220 g flüssige Dr. Oetker Kuchen Glasur Kakao

80 g flüssige Dr. Oetker Kuchen Glasur weiß Vanille Geschmack

Zubereitung

1. Für die Masse Mehl mit Backpulver vermischen und in eine Rührschüssel sieben. Die übrigen Zutaten der Reihe nach dazugeben und mit dem Handmixer (Rührstäbe) glatt rühren.

2. Birnenwürfel und Raspelschokolade mit dem Kochlöffel unterrühren.

Die Masse auf einem befetteten, bemehlten Backblech (30 x 35 cm) glatt streichen.

Das Blech in die Mitte des vorgeheizten Rohres schieben.

Ober-/Unterhitze: 180 Grad
Backzeit: ca. 30 Min.

3. Die Kakaoglasur gleichmäßig auf dem erkalteten Kuchen verteilen. Die weiße Glasur mit einem Kaffeelöffel in kleinen Punkten auf der noch flüssigen dunklen Kuvertüre verteilen und mit Hilfe einer Gabel marmorieren.

Lagerung: Der Kuchen ist abgedeckt und kühl und trocken gelagert ca. 3 Tage haltbar.

Backen im
WINTER

ANANAS-Kuchen mit Kokosbelag

ca. 40 Min.

Zutaten für ca. 30 Stück

Sandmasse

250 g weiche Butter
200 g gesiebter Staubzucker
1 Pck. Dr. Oetker Vanillin Zucker
1 Prise Salz
4 Eier (Größe M)
500 g glattes Mehl
1 Pck. Dr. Oetker Backpulver
1/8 l Milch

Ananas-Kokos-Belag

100 g flüssige Butter
80 ml Kokosmilch
1 Ei (Größe M)
580 g klein geschnittene Ananas
200 g Kokosette

Zum Dekorieren

einige Dr. Oetker Feine Dekorblüten
einige Dr. Oetker Mini Dekorblüten

Zubereitung

1. Für die Masse Butter mit Zucker, Vanillin Zucker und Salz mit dem Handmixer (Rührstäbe) cremig rühren. Die Eier einzeln einrühren. Mehl mit Backpulver vermischen, darübersieben und abwechselnd mit der Milch mit dem Kochlöffel unterrühren. Die Masse auf ein befettetes, bemehltes Backblech (30 x 35 cm) streichen.

2. Für den Belag Butter mit Kokosmilch und Ei verrühren. Ananasstücke und Kokosette unterrühren und auf der Masse verteilen.

Das Blech in die Mitte des vorgeheizten Rohres schieben.

Ober-/Unterhitze: 180 Grad
Backzeit: ca. 35 Min.

3. Den erkalteten Kuchen vor dem Servieren mit Dekorblüten dekorieren.

Tipps: Die Reife der Ananas erkennt man, indem man die Blätter leicht herausziehen kann.

Die Temperatur um 10 Grad reduzieren und den Kuchen abdecken, wenn das Kokosette Farbe nimmt.

Lagerung: Der Kuchen ist abgedeckt und kühl und trocken gelagert ca. 3 Tage haltbar.

ANANAS-Roulade

ca. 50 Min.

Zutaten für 12 Portionen

Biskuitmasse

4 Eiklar (Größe M)
4 EL kaltes Wasser
120 g Zucker
4 Dotter (Größe M)
120 g Zucker
1 Pck. Dr. Oetker Vanillin Zucker
80 g glattes Mehl
80 g Speisestärke

Ananas-Kokos-Füllung

7 Stk. Dr. Oetker Blatt Gelatine
100 ml Kokosmilch (ungesüßt)
250 g Sauerrahm
250 g Naturjoghurt
100 g Zucker
400 g klein geschnittene Ananas

Zum Bestreichen und Bestreuen

1/8 l flüssiges Schlagobers
1/2 Pck. Dr. Oetker Vanillin Zucker
4 EL Kokosette

Zubereitung

1. Für die Masse Eiklar mit Wasser und Zucker mit dem Handmixer (Rührstäbe) cremig steif schlagen. Dotter mit Zucker und Vanillin Zucker schaumig aufschlagen und mit dem Kochlöffel unter die Eischneemasse rühren. Mehl mit Stärke vermischen, darübersieben und unterheben.

Die Masse auf ein mit Backpapier ausgelegtes Backblech (30 x35 cm) geben und glatt streichen.

Das Blech in die Mitte des vorgeheizten Rohres schieben.

Ober-/Unterhitze: 200 Grad
Backzeit: ca. 10 Min.

Das Biskuit auf dem Blech etwas überkühlen lassen, auf ein leicht bemehltes Backpapier stürzen und das Backpapier abziehen. Das erkaltete Biskuit der Länge nach 1 cm vom Rand einritzen, um das Einrollen zu erleichtern.

2. Für die Füllung die Gelatine nach Packungsanleitung vorbereiten. Kokosmilch mit Sauerrahm, Joghurt und Zucker verrühren. Die Gelatine erwärmen und unterrühren. Die Füllung ca. 20 Min. kalt stellen. Bei beginnender Gelierung der Masse (nach ca. 20 Min.) auf das erkaltete Biskuit streichen. Die Ananasstücke mit sehr heißem Wasser abspülen, gut abtropfen lassen und gleichmäßig auf der Kokosmasse verteilen. Das Biskuit mit Hilfe des Backpapiers zur Roulade einrollen und ca. 1 Std. kalt stellen.

3. Schlagobers mit Vanillin Zucker steif schlagen und die Roulade damit einstreichen. Die Roulade mit Kokosette bestreuen.

Tipps: Die frischen Ananasstücke müssen heiß abgespült werden, sonst wird die Bindung der Gelatine durch ein in der Ananas enthaltenes Enzym herabgesetzt (siehe Seite 8).

Die Reife der Ananas erkennt man, indem man die Blätter leicht herausziehen kann.

Lagerung: Die Roulade ist abgedeckt im Kühlschrank ca. 2 Tage haltbar.

Joghurt-ANANAS-Torte

ca. 60 Min.

Zutaten für ca. 14 Portionen

Biskuitmasse

4 Dotter (Größe M)
3 EL warmes Wasser
40 g Zucker
1 Pck. Dr. Oetker Vanillin Zucker
4 Eiklar (Größe M)
70 g Zucker
40 g glattes Mehl
40 g Speisestärke
60 g geschälte geriebene Mandeln

Limetten-Ananas-Füllung

7 Stk. Dr. Oetker Blatt Gelatine
300 g Naturjoghurt
70 g Zucker
1 Pck. Dr. Oetker Vanillin Zucker
Saft von 2 Limetten
1/4 l geschlagenes Schlagobers
280 g Ananasstücke

Zum Einstreichen

400 ml geschlagenes Schlagobers

Zum Verzieren

einige Ananasblüten
einige Ananasblätter

Zubereitung

1. Für die Masse Dotter mit Wasser, Zucker und Vanillin Zucker mit dem Handmixer (Rührstäbe) schaumig aufschlagen. Eiklar mit Zucker cremig steif schlagen und mit dem Kochlöffel unterheben. Mehl mit Stärke vermischen, darübersieben und mit den Mandeln unterrühren.

Die Masse in eine mit Backpapier ausgelegte Springform (26 cm Ø) füllen und glatt streichen.

Die Form auf dem Rost in die untere Hälfte des vorgeheizten Rohres schieben.

Ober-/Unterhitze: 200 Grad
Backzeit: ca. 18 Min.

Das erkaltete Biskuit 1-mal durchschneiden. Den unteren Tortenboden auf eine Tortenplatte geben und mit dem Springformrand umstellen.

2. Für die Füllung die Gelatine nach Packungsanleitung vorbereiten. Joghurt mit Zucker, Vanillin Zucker und Limettensaft verrühren. Die Gelatine erwärmen und unterrühren. Bei beginnender Gelierung (nach ca. 15 Min.) das Schlagobers unterheben. Die Ananasstücke mit sehr heißem Wasser abspülen, gut abtropfen lassen und kurz unterrühren. Die Füllung auf den Tortenboden geben, glatt streichen und mit dem Tortenoberteil abdecken. Die Torte ca. 2 Std. kalt stellen.

3. Die Torte mit 3/4 des Schlagobers einstreichen und mit Ananasblüten und -blättern verzieren.

Tipp: Die frischen Ananasstücke müssen heiß abgespült werden, sonst wird die Bindung der Gelatine durch ein in der Ananas enthaltenes Enzym herabgesetzt (siehe Seite 8).

Lagerung: Die Torte ist abgedeckt im Kühlschrank ca. 2 Tage haltbar.

Für **Ananasblüten** von der geschälten Ananas dünne Scheiben abschneiden, mit Küchenkrepp trocken tupfen und auf ein mit Backpapier ausgelegtes Backblech geben. Bei 110 Grad Heißluft und leicht geöffneter Backrohrtüre 1 - 2 Std. zu knuspriger Konsistenz trocknen. Die Scheiben zum Abkühlen in Schalen oder Muffinsformen geben, damit sie eine Rundung bekommen.

Ananasblüten kann man auch zu Obstsalaten servieren, oder als Snack zwischendurch genießen.

Spekulatius-Torte mit MANDARINEN

ca. 50 Min.

Zutaten für ca. 14 Portionen

Biskuitmasse

3 Dotter (Größe M)
2 EL warmes Wasser
40 g Zucker
1 Pck. Dr. Oetker Bourbon Vanille Zucker
1 Prise Lebkuchengewürz
3 Eiklar (Größe M)
60 g Zucker
120 g glattes Mehl
1 gestrichener KL Dr. Oetker Backpulver
60 g gebrochene Spekulatiuskekse

Mascarpone-Mandarinen-Obers

6 Stk. Dr. Oetker Blatt Gelatine
200 g Mascarpone
60 g gesiebter Staubzucker
abgeriebene Schale von 2 Mandarinen
Saft von 2 Mandarinen
1/2 l geschlagenes Schlagobers
300 g kernlose Mandarinenfilets
50 g Dr. Oetker Haselnuss Krokant
80 g geröstete Mandelblättchen

Zum Einstreichen und Dekorieren

1/4 l geschlagenes Schlagobers
20 g Dr. Oetker Haselnuss Krokant
30 g geröstete Mandelblättchen
30 g Spekulatiuskekse
einige geschälte Mandarinen

Zubereitung

1. Für die Masse Dotter mit Wasser, Zucker, Vanille Zucker und Lebkuchengewürz mit dem Handmixer (Rührstäbe) schaumig aufschlagen. Eiklar mit Zucker cremig steif aufschlagen und mit dem Kochlöffel unter die Dottermasse heben. Mehl mit Backpulver vermischen, darübersieben und mit Spekulatiuskeksen unterrühren.

Die Masse in eine am Boden mit Backpapier ausgelegte Springform (26 cm Ø) füllen und glatt streichen.

Die Form auf dem Rost in die Mitte des vorgeheizten Rohres schieben.

Ober-/Unterhitze: 180 Grad
Backzeit: ca. 20 Min.

Das erkaltete Biskuit 1-mal durchschneiden. Den unteren Tortenboden auf eine Tortenplatte geben und mit dem Springformrand umstellen.

2. Für die Creme die Gelatine nach Packungsanleitung vorbereiten. Mascarpone mit Staubzucker, Mandarinenschalen und -saft verrühren. Die Gelatine erwärmen und einrühren. Bei beginnender Gelierung (nach ca. 15 Min.) das Schlagobers unterheben. Mandarinenfilets, Krokant und Mandelblättchen kurz unterrühren. Die Creme auf dem Tortenboden glatt streichen und mit dem Tortenoberteil abdecken. Die Torte ca. 1 Std. kalt stellen.

3. Die Torte mit Schlagobers einstreichen und den Tortenrand mit Krokant und Mandelblättchen bestreuen. Die Torte vor dem Servieren mit Mandarinen und Spekulatiuskeksen beliebig dekorieren.

Lagerung: Die Torte ist abgedeckt im Kühlschrank ca. 3 Tage haltbar.

ORANGEN-MANDARINEN-Kuchen

ca. 40 Min.

Zutaten für ca. 14 Portionen

Sandmasse

130 g weiche Butter
90 g gesiebter Staubzucker
1 Prise Salz
1 Pck. Dr. Oetker Finesse Geriebene Orangenschale
1 Pck. Dr. Oetker Vanillin Zucker
2 Eier (Größe M)
150 g glattes Mehl
1 gestrichener KL Dr. Oetker Backpulver
50 ml Milch

Zum Tränken

100 ml frisch gepresster Orangensaft
1 EL Zucker
1 Prise Zimt

Frucht-Füllung

2 Stk. Dr. Oetker Blatt Gelatine
200 g geschälte Mandarinen
200 g geschälte Orangen
400 ml frisch gepresster Orangensaft
1 EL Zucker
1 Prise Zimt
1 Pck. Dr. Oetker Original Pudding Vanille-Geschmack

Zum Dekorieren

1/8 l geschlagenes Schlagobers
einige Orangenscheiben
100 ml Wasser
100 g Zucker

Zubereitung

1. Für die Masse Butter mit Staubzucker, Salz, Orangenschale und Vanillin Zucker mit dem Handmixer (Rührstäbe) cremig rühren. Die Eier einzeln einrühren. Mehl mit Backpulver vermischen, darübersieben und mit der Milch mit dem Kochlöffel unterheben.

Die Masse in eine am Boden mit Backpapier ausgelegte Springform (26 cm Ø) füllen und glatt streichen.

Die Form auf dem Rost in die Mitte des vorgeheizten Rohres schieben.

Ober-/Unterhitze: 200 Grad
Backzeit: ca. 20 Min.

2. Die noch heiße Torte mit einem Holzspieß mehrmals einstechen. Orangensaft mit Zucker und Zimt verrühren und die Torte damit langsam tränken.

3. Für die Füllung die Gelatine nach Packungsanleitung vorbereiten. Mandarinen- und Orangenfilets mit einem scharfen Messer zwischen den Trennhäuten herausschneiden (nichts weißes soll anhaften). Den Saft aus den Trennhäuten drücken und mit Orangensaft auf 400 ml auffüllen. Orangensaft mit Zucker, Zimt und Puddingpulver verrühren und unter Rühren zu einem Pudding kochen. Die Gelatine unter den heißen Pudding rühren. Orangen- und Mandarinenfilets vorsichtig unterrühren.

Die getränkte Torte mit dem Springformrand umstellen, die Füllung darin verteilen und glatt streichen. Die Torte ca. 2 Std. kalt stellen.

4. Das Schlagobers dekorativ auf die Torte spritzen. Die Orangenscheiben in Wasser und Zucker bei geringer Hitze ca. 20 Min. köcheln lassen. Die Zuckerfrüchte auf Küchenpapier gut abtropfen lassen und auf die Torte geben.

Lagerung: Die Torte ist abgedeckt im Kühlschrank ca. 3 Tage haltbar.

MANDARINEN-Schnitten

ca. 45 Min.

Zutaten für ca. 30 Portionen

Mandel-Biskuitmasse

8 Eier (Größe M)
320 g Zucker
2 Pck. Dr. Oetker Vanillin Zucker
1 Prise Salz
150 g glattes Mehl
150 g Speisestärke
1 gestrichener KL Dr. Oetker Backpulver
100 g geschälte, geriebene Mandeln

Zum Bestreichen

300 g passierte Ribiselmarmelade

Mascarpone-Creme

1 Pck. Dr. Oetker Tortenhilfe Topfen/Joghurt
300 ml Milch
1 kg Mascarpone
1/2 l geschlagenes Schlagobers

Zum Dekorieren

ca. 50 Stk. Mandarinenfiletes
etwas Dr. Oetker Zuckerschrift silber
etwas Dr. Oetker Streudekor nach Wahl

Zubereitung

1. Für die Masse Eier mit Zucker, Vanillin Zucker und Salz mit dem Handmixer (Rührstäbe) schaumig aufschlagen. Mehl mit Stärke und Backpulver vermischen, darübersieben und mit den Mandeln mit dem Kochlöffel unterheben.

Einen Backrahmen (30 x 35 cm) auf ein mit Backpapier ausgelegtes Backblech stellen. Die Masse einfüllen und glatt streichen.

Das Blech in die untere Hälfte des vorgeheizten Rohres schieben.

Ober-/Unterhitze: 190 Grad
Backzeit: ca. 30 Min.

2. Das erkaltete Biskuit 1-mal durchschneiden und mit der Hälfte der Marmelade bestreichen. Das Biskuit mit einem Backrahmen umstellen.

3. Für die Creme Tortenhilfepulver mit Milch verrühren. Den Mascarpone unterrühren und das Schlagobers unterheben. Die Hälfte der Creme auf die Marmelade streichen. Mit dem Biskuitoberteil abdecken, mit übriger Marmelade bestreichen und die übrige Creme darauf glatt streichen. Den Kuchen ca. 1 Std. kalt stellen.

4. Die Mandarinenfilets zu Schmetterlingen und Blumen auf dem Kuchen zusammensetzen. Mit Zuckerschrift Fühler und Stängel aufspritzen. Das Streudekor beliebig am Kuchen verteilen.

Lagerung: Die Schnitten sind abgedeckt im Kühlschrank ca. 3 Tage haltbar.

Glutenfreie PINK-GRAPEFRUIT-Tarte

ca. 50 Min.

Zutaten für ca. 14 Portionen

Mürbteig

220 g glutenfreies Mehl

2 KL Flohsamen

130 g Margarine

80 g gesiebter Staubzucker

1 gestrichener KL Dr. Oetker Backpulver

1 Prise Salz

3 EL kaltes Wasser

Zum Austreuen

einige geriebene, geschälte Mandeln

Sojapudding-Füllung

1/2 l Sojagetränk (oder Grapefruitsaft)

50 g Zucker

1 Pck. Dr. Oetker Original Pudding Vanille-Geschmack

Zum Belegen

5 geschälte Grapefruits

Zubereitung

1. Für den Teig das Mehl auf eine Arbeitsfläche geben. Die übrigen Zutaten der Reihe nach dazugeben und mit den Händen zu einem glatten Teig verkneten. Den Teig in Frischhaltefolie gewickelt ca. 40 Min. kalt stellen.

2. Den Teig auf einer leicht mit glutenfreiem Mehl bemehlten Arbeitsfläche rund ausrollen und in eine befettete, mit Mandeln ausgestreute Tarteform (24 cm Ø) legen.

Die Form auf dem Rost in die Mitte des vorgeheizten Rohres schieben.

Ober-/Unterhitze: 190 Grad
Backzeit: ca. 20 Min.

3. Für die Füllung ca. 100 ml des Sojagetränkes mit Zucker und Puddingpulver verrühren. Das übrige Sojagetränk aufkochen, vom Herd nehmen und die vorbereitete Pudding-Mischung einrühren. Die Hitze reduzieren. Zurück auf den Herd stellen und unter Rühren zu einem Pudding kochen. Den heißen Pudding auf den erkalteten Tarteboden geben und glatt streichen.

4. Aus den Grapefruits Filets mit einem scharfen Messer zwischen den Trennhäuten herausschneiden (nichts weißes soll anhaften) und die Torte damit belegen.

Tipps: 1 Pck. Dr. Oetker Tortengelee klar mit 1/4 l Grapefruitsaft und 50 g Zucker nach Packungsanleitung zubereiten. Das Gelee etwas überkühlen lassen und die Tarte damit gelieren.

Den Tarteboden nach dem Backen und vor dem Anschneiden vollständig erkalten lassen, da er leicht bricht.

Lagerung: Die Torte ist geliert ca. 3 Tage haltbar.

PINK-GRAPEFRUIT-Cheesecake ohne Backen

ca. 40 Min.

Zutaten für ca. 14 Portionen

Tortenboden

180 g Vollkornbiskotten

100 g flüssige Dr. Oetker Kuchen Glasur Weiß Vanille-Geschmack

Cheesecake-Füllung

6 Stk. Dr. Oetker Blatt Gelatine

250 g Mascarpone

250 g Doppelrahm-Frischkäse (z. B. Philadelphia®)

250 g cremiges Naturjoghurt

130 g gesiebter Staubzucker

1 Pck. Dr. Oetker Vanillin Zucker

1/4 l geschlagenes Schlagobers

3 geschälte Grapefruits

Grapefruit-Spiegel

1 Pck. Dr. Oetker Tortengelee klar

1/4 l Grapefruitsaft

2 EL Zucker

Zum Dekorieren

einige Dr. Oetker Pistazien gehackt

Zubereitung

1. Für den Tortenboden eine am Boden mit Backpapier ausgelegte Springform (26 cm Ø) mit Biskotten auslegen. Die übrigen Biskotten zerbröseln, mit Glasur vermischen und mit einem Löffel auf den Biskotten verteilen. Den Tortenboden kalt stellen.

2. Für die Füllung die Gelatine nach Packungsanleitung vorbereiten. Mascarpone mit Frischkäse, Joghurt, Staubzucker und Vanillin Zucker verrühren. Die Gelatine erwärmen und unterrühren. Bei beginnender Gelierung (nach ca. 10 Min.) das Schlagobers unterheben. Die Grapefruitfilets kurz unterrühren. Aus den Grapefruits Filets mit einem scharfen Messer zwischen den Trennhäuten herausschneiden (nichts weißes soll anhaften). Die Füllung gleichmäßig auf dem Tortenboden verteilen. Die Torte ca. 40 Min. kalt stellen.

3. Für den Grapefruit-Spiegel Tortengeleepulver mit Grapefruitsaft und Zucker nach Packungsanleitung zubereiten. Das Gelee abkühlen lassen, auf die Torte geben und erstarren lassen.

4. Die Torte vor dem Servieren mit Pistazien dekorieren.

Lagerung: Der Cheesecake ist abgedeckt im Kühlschrank ca. 3 Tage haltbar.

BANANENSPLIT-
Schnitten

ca. 60 Min.

Zutaten für ca. 30 Portionen

Biskuitmasse

6 Dotter (Größe M)
3 EL lauwarmes Wasser
60 g Zucker
1 Pck. Dr. Oetker Vanillin Zucker
1 Prise Salz
6 Eiklar (Größe M)
140 g Zucker
160 g glattes Mehl
80 g Speisestärke
2 gestrichene KL Dr. Oetker Backpulver

Zum Bestreichen und Belegen

120 g passierte Ribiselmarmelade
10 Stk. halbierte Bananen

Schoko-Obers

4 Stk. Dr. Oetker Blatt Gelatine
3 Dotter (Größe M)
400 g flüssige Zartbitterkuvertüre
900 ml leicht geschlagenes Schlagobers

Zum Dekorieren

1/4 l geschlagenes Schlagobers
einige Bananenchips

Zubereitung

1. Für die Masse Dotter mit Wasser, Zucker, Vanillin Zucker und Salz mit dem Handmixer (Rührstäbe) schaumig aufschlagen. Eiklar mit Zucker cremig steif aufschlagen und mit dem Kochlöffel unterrühren. Mehl mit Stärke und Backpulver vermischen, darübersieben und unterheben.

Einen Backrahmen (30 x 35 cm) auf ein mit Backpapier ausgelegtes Backblech geben. Die Masse einfüllen und glatt streichen.

Das Blech in die Mitte des vorgeheizten Rohres schieben.

Ober-/Unterhitze: 190 Grad
Backzeit: ca. 20 Min.

2. Das erkaltete Biskuit mit Ribiselmarmelade bestreichen.

3. Für das Schoko-Obers die Gelatine nach Packungsanleitung vorbereiten. Die Dotter über Dampf (Wasserbad) mit der Schneerute schaumig aufschlagen. Vom Herd nehmen und die erwärmte Gelatine und Kuvertüre zügig unterrühren und das Schlagobers in zwei Portionen unterheben. Das Biskuit mit halbierten Bananen belegen. Das Schoko-Obers auf dem Kuchen verteilen und glatt streichen. Den Kuchen ca. 2 Std. kalt stellen.

4. Den Kuchen beliebig mit Schlagobers und Bananenchips dekorieren.

Lagerung: Die Schnitten sind abgedeckt im Kühlschrank ca. 3 Tage haltbar.

Schoko-BANANEN-Marmorkuchen

ca. 40 Min.

Zutaten für ca. 30 Portionen

Sandmasse

450 g weiche Butter
300 g gesiebter Staubzucker
1 Pck. Dr. Oetker Vanillin Zucker
1 Pck. Dr. Oetker Finesse Geriebene Zitronenschale
1 Prise Salz
6 Eier (Größe M)
450 g glattes Mehl
2 gestrichene KL Dr. Oetker Backpulver
200 g geschälte Bananen
Saft von 1/2 Zitrone

Für die dunkle Masse

40 g gesiebter Backkakao
90 ml Speiseöl

Zubereitung

1. Für die Masse Butter mit Staubzucker, Vanillin Zucker, Zitronenschale und Salz mit dem Handmixer (Rührstäbe) cremig rühren. Die Eier einzeln einrühren. Mehl mit Backpulver vermischen und darübersieben. Bananen mit Zitronensaft pürieren und mit dem Kochlöffel unterheben.

Die Hälfte der Masse gleichmäßig auf ein befettetes, bemehltes Backblech (30 x 35 cm) streichen.

2. Für die dunkle Masse Kakao mit Speiseöl glatt rühren und unter die übrige helle Masse rühren. Die dunkle Masse auf der hellen Masse verteilen, mit einer Gabel durchziehen (marmorieren) und glatt streichen.

Das Blech in die Mitte des vorgeheizten Rohres schieben.

Ober-/Unterhitze: 180 Grad
Backzeit: ca. 35 Min.

Lagerung: Der Kuchen ist abgedeckt und kühl und trocken gelagert ca. 4 Tage haltbar.

BANANEN-Toffee-Torte

ca. 50 Min.

Zutaten für ca. 10 Portionen

Tortenboden

250 g zerkleinerte Madeleines (französisches Feingebäck)

100 g flüssige Dr. Oetker Kuchen Glasur Vollmilch

50 ml flüssiges Schlagobers

Karamell-Obers

10 Stk. Milchkaramellen (Weichbeißer)

1/8 l flüssiges Schlagobers

2 Pck. Dr. Oetker Sahnesteif

Zum Belegen

500 g Bananen

Vanille-Obers

1/8 l flüssiges Schlagobers

1 Pck. Dr. Oetker Vanillin Zucker

Zum Dekorieren und Bestreuen

1/4 l flüssiges Schlagobers

1 Pck. Dr. Oetker Sahnesteif

50 g Dr. Oetker Raspelschokolade Zartbitter

Zubereitung

1. Für den Tortenboden die Zutaten vermischen, in eine mit Backpapier ausgelegte Springform (20 cm Ø) geben und glatt streichen.

2. Für das Karamell-Obers die Milchkaramellen mit Schlagobers unter Rühren bei geringer Hitze schmelzen, etwas überkühlen lassen und das Sahnesteif einrühren. Das Karamell-Obers auf dem Tortenboden verteilen.

3. Die Bananen in 2 cm dicke Scheiben schneiden und das Karamell-Obers damit dicht belegen.

4. Für das Vanille-Obers Schlagobers mit Vanillin Zucker mit dem Handmixer (Rührstäbe) aufschlagen und auf den Bananenbelag streichen.

5. Schlagobers mit Sahnesteif aufschlagen und mit einem Spritzbeutel mit beliebiger Tülle auf die Torte spritzen. Die Torte mit Raspelschokolade bestreuen.

Lagerung: Die Torte ist abgedeckt im Kühlschrank ca. 3 Tage haltbar.

REZEPTÜBERSICHT

A

Ananas-Kuchen mit Kokosbelag .... S. 106
Ananas-Roulade .... S. 109
Apfel-Holunder-Torte .... S. 88
Apfel-Preiselbeer-Wähe .... S. 74

B

Bananen-Toffee-Torte .... S. 126
Bananensplit-Schnitten .... S. 122
Birnen-Holunder-Schnecken .... S. 91
Birnen-Krokant-Roulade .... S. 96
Birnen-Schnitten mit Streuseln .... S. 95
Birnen-Schokoladen-Kuchen .... S. 92
Brandteig-Torte mit Himbeeren .... S. 46
Brombeer-Gugelhupf .... S. 45
Buchteln mit Kirschen .... S. 30

E

Einfache Apfel-Torte .... S. 87
Erdbeer-Marzipan-Torte .... S. 26

G

Gebackene Topfentorte mit Himbeeren .... S. 49
Glutenfreie Pink-Grapefruit-Tarte .... S. 118

H

Heidelbeer-Tarte .... S. 41
Himbeer-Limettencreme-Torte .... S. 53
Holländer-Kirsch-Torte .... S. 34

J

Joghurt-Ananas-Torte .... S. 110

K

Kirsch-Amarettini-Gugelhupf .... S. 33
Kleine Heidelbeer-Joghurt-Torte .... S. 42
Kokos-Kirsch-Kuchen .... S. 37

M

Mandarinen-Schnitten .... S. 117
Mandel-Nektarinen-Kuchen ohne Backen .... S. 62
Marmorierter Schoko-Birnen-Kuchen .... S. 103
Melonen-Heidelbeer-Topfen-Torte .... S. 73

O

Obst-Kuchen .... S. 25
Orangen-Mandarinen-Kuchen .... S. 114

P

Pancakes mit Erdbeeren und Rhabarber .... S. 18
Pfirsich-Buttermilch-Kranz .... S. 61
Pfirsich-Ribisel-Streuselkuchen .... S. 65
Pfirsich-Upside-Down-Kuchen .... S. 58
Pink-Grapefruit-Cheesecake ohne Backen .... S. 121
Preiselbeer-Gugelhupf .... S. 77

Q

Quitten-Crumble .... S. 100
Quitten-Tiramisu .... S. 99

R

Rhabarber-Muffins .... S. 17
Rhabarber-Kuchen mit Topfenguss .... S. 14
Ribisel-Marzipan-Schnecken .... S. 69
Ribisel-Topfen-Torte .... S. 66

S

Schneekuchen mit Stachelbeeren .... S. 70
Schnelle Erdbeer-Roulade .... S. 21
Schneller Marillen-Kuchen .... S. 54
Schoko-Bananen-Marmorkuchen .... S. 125
Spaghetti-Kuchen mit Sauerkirschen .... S. 38
Spekulatius-Torte mit Mandarinen .... S. 113
Sponge Cake mit Erdbeeren .... S. 22
Stachelbeer-Marillen-Kuchen vom Blech .... S. 57

T

Trauben-Tartelettes mit Wein-Creme .... S. 84

W

Waldbeeren-Pudding-Schnitten (Titelrezept) .... S. 50

Z

Zwetschken-Auflauf .... S. 83
Zwetschkenfleck .... S. 80